武術原本

初识篇

王　燕／著

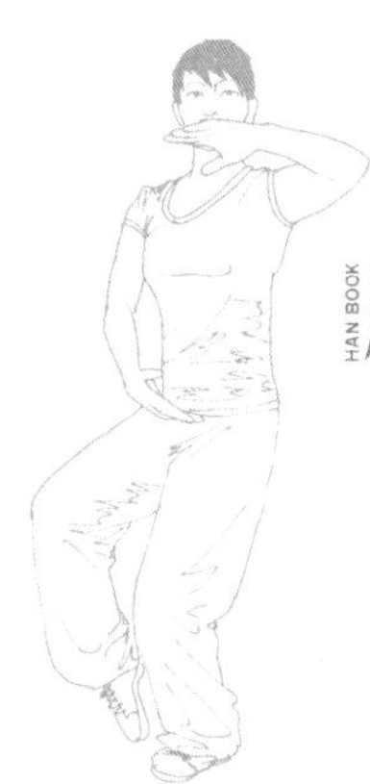

武汉出版社

HAN BOOK 版

（鄂）新登字08号

图书在版编目(CIP)数据

武术原本．初识篇/王燕著．
—武汉：武汉出版社，2017.12
ISBN 978-7-5582-1892-7

Ⅰ．①武…　Ⅱ．①王…　Ⅲ．①武术—介绍—中国
Ⅳ．①G852

中国版本图书馆CIP数据核字(2017)第327786号

著　　者：王　燕
责任编辑：林　华　江玲燕　唐瑞雯
装帧设计：刘福珊
出　版：武汉出版社
社　址：武汉市江汉区新华路490号　　邮　编：430015
电　话：(027)85606403　85600625
http://www.whcbs.com　　E-mail:zbs@whcbs.com
印　刷：武汉市金港彩印有限公司　　经　销：新华书店
开　本：787mm×1092mm　1/32
印　张：3.5　　字　数：70千字
版　次：2017年12月第1版　　2017年12月第1次印刷
定　价：25.00元

目 录 Contents

附录：基础训练部分——动作详解

第一讲　武术的范畴

在我们成长的过程中，武术的形象时常出现在社会生活的方方面面，使我们或主动或被动地认识和接受着它。

幼年时，为了心爱的物品与同伴争抢打斗，为捍卫自己的权益不惜“动武”；长大后，自我控制能力提高了，不再动辄“拳打脚踢”，但身边各种娱乐方式——影视、小说、游戏，无不充斥着“武侠”“武技”的内容，让平淡生活中的我们对“武林高手”“绝世武功”充满了无限遐想和神往。从某种意义上说，每个中国人心中都有一个属于他自己的“武术”概念，无关优劣，它是中国人自己的“童话”。

在日常生活中，我们能自主地寻找到与武术相连的切入点，它是浸透于中国人生活中的一种古老的锻炼身体的方式，无性别、年龄、身体条件的限制，不受外部环境、场地、器材等条件的制约，是一种以自我为主导的增强自身身体能力、改善身体机能、调整身心状态的活动，是中国人自有的、朴实的健身方式。

武术作为一种文化表现形态，已深深地刻印上中华民族的风格、习惯、心理、情感。如果我们只是需要一个武术概念，就无需去进一步认知它，任其自然存在就好；但在现实环境中，在武术研究实践中，我们长期以来形成的认知规则却强调，必须给一项事物以一个范畴、概念、定义等，若不如此就无法深入探究。

当我们试图探究武术，首先需认定“武术实践”。对其划定范畴时，需要认清“武术的来源是实践，武术实践是基本”，需要走近并触摸到武术技能本身，使它的本来面目呈现出来。

一、 武术的形成状态——个体技能

武术是中华民族所独有的文化瑰宝，是人们喜闻乐见的体育运动项目之一，历史悠久，源远流长。它起源于中华民族祖先的生产劳动，其形成状态是由中国社会发展和文明水平所决定的。武术一直以言传身教的方式传承着，而在形体运动的传承中，个体生理及能力的差异性等因素决定了传承过程是一个自然演变过程。因此，史料、文物资料等并不能客观展现历史发展过程中武术的真实状态。

当代武术理论、武术技术研究注重对武术学科的系统研究，主要探讨诸如武术的定义，武术的理论基础，武术的标准化、规范化，武术文化论等方面的问题，以所谓的“史料、文物、文献”资料为依据形成武术理论技理。其结果是，看似人人都知晓“武术”，却往往不知所云；还表现为，武术技术研究难以厘清其技术内容与其他“对抗性”体育项目的区别。

首先，应厘清武术的主体——个体与集体的认定。

如果在“单个”与“多数”的选项中做单项选择来确定武术的主体，不难得出“单个”（个体）这个答案。

其次，依据主体追根溯源，中国冷兵器时代结束后，军事武艺逐渐退出历史舞台，去除了军阵搏杀元素的“武术”开始形成，这是个体形态形成初期的武术，也正是我们在此所讨论的“武术”。

主体认定清晰，就能客观认知为何中国人心中都有一个自己的“武术”。在现实环境中，武术的表达总是显得纷繁复杂，不同的视角、不同的感知，必然导致人们对武术不同的诠释。武术的生存和发展是基于中国社会化进程的，并回归民众生活，为民众所运用。

再次，武术是个体技能，防身、健身、养身是其最终目标。

武术作为个体技能，是中华文明思想文化形态的一种表达。武术以攻防表达为核心，为中国不同时期、不同阶层、不同地域的中华儿女构建着防身、健身、养身的强身健体方式。如果脱离了“攻防表达”这个核心，武术便不可称其为“武术”。

二、武术的呈现形式——民族形式体育

武术的社会化形态具有必然性，其所累积的社会人文元素是其他体育项目在中国社会所无法比拟的。武术原本没有确切的历史概念，人们往往是从其行为表现形式来认知它，因此也就无从给出具体的范畴和定义。一般来说，它是中国人在长期的社会实践中所积累和创造的防身、健身、养身方式的一种综合形态。

而体育（physical education）是外来词，由“身体的教育”演化而来。体育概念于20世纪初进入中国，由最初的单一认识逐渐向多元化发展，如体操、篮球、田径、足球等。中国人对体育的认知有一个接受和消化的过程。由于武术与体操具有

强身健体的共性特点和肢体表达的相似性，因此武术操等进入了学堂教学，从此武术的社会化过程加快，更多地具有了现代体育的属性。

从20世纪50年代国家给出“武术是民族形式的体育运动”的界定，到1989年乃至今日体育教材中将武术界定为“民族传统体育项目”，主体认识的偏离造成我们对武术的认知越来越走向虚无化和异形化，导致武术按照体育单项的模式发展，这便与其本体所具有的多元化、开放性和融合性形成了鲜明的矛盾冲突。

首先，体育的西方文化属性与武术的中国文化属性的矛盾冲突一直存在。

武术不是单一的体育项目，以体育单项来处理管理、发展问题，简而化之地将其束缚于“民族传统体育项目”的认知中，相当于做一个模具把武术所有内容往里面塞，塞得进去就用，塞不进去就抛弃，呈现出看似有其形，却又被大众质疑的“无核”状态。

其次，“民族形式的体育运动”并不等同于“民族传统体育项目”，它们两者之间具有本质上的差异。

“民族形式的体育运动”是对武术客观属性的界定。武术一直有其自身发展演变的规律，并具有自滤能力，这是由武术的社会化属性决定的。

“民族传统体育项目”的界定否定了武术的根本，给中华武术画了一个圈，“武术专业人士”努力地在圈中刨“古籍”，挖“祖传正宗”，争“拳种流派”：进攻对抗——拳打脚踢是搏击；翻腾技巧——玩不过体操；身体技能——扯杂技的衣角……在体育单项中，武术就是个“四不像”的项目，其他体育项目都把武术当作扯着体育大旗的边缘项目。但在我国群众健身运动中，武术却是普及和开展得最为广泛的项目之一。

再次，武术是中国人在长期社会生活中自然形成的一种集防身、健身、养身于一体的身体锻炼模式，且一直处于实践过程之中。

中国人的实用主义哲学造就着武术的形态，其“防身、健身、养身”的多重性应用功能，在西方体育范畴中是无法界定的。“武术专业人士”习惯于借用现代科研方法、体育研究体系来论证武术、调整武术，使其符合现代体育、体育竞赛的标准，导致了武术主流体系与社会武术体系混沌不清的状态。

武术不是标准化思维的产物，也不是娱乐、游戏规则的产物，它是中国人世代传承的一种个体身体能力锻炼的主要形态。

三、武术的传承演变——中华文明的一种表达形态

武术是在中国社会发展过程中自然演化形成的，随着不同历史时期文明意识形态的发展变化而不断发展。因此，它并不具有系统完整的理论体系，而是一种应用型的技术。

武术在持续性的演化渐变中传承，既反映了体育的社会化发展性，也体现了传统武术技能表现的多元化形成过程。

武术所呈现的中华文化形态，是武术社会化发展过程的必然结果，是对中国文化的吸收和运用，是中华文明的一种表达形态。武术技能是中华文明精神传承的一种形态。

结 论

武术起源于中华文明的历史长河，现代武术的形成应以冷兵器时代开始消亡为起点。作为个体技能的武艺进入社会生活，并以应用为主导，在这个过程中，武术逐渐形成、发展和成熟起来。

遵循自然发展规律，武术在其形成和发展的过程中，始终没有离开以“攻防表达”为核心的主干，这也是其在漫长的历史中能够存续至今的根本原因。

武术所呈现的个体技能是动态表达，武术实践是其基本内容。

武术的个体技能是攻防表达的具体形态，并不具有标准化。

武术的传承过程本身就是一个不断演变的过程，故不存在“原装正宗说”。

中华文化形态决定着武术的生态环境，不能套用现代体育的范畴理论来界定武术。

第二讲　武术的核心

武术是以攻防表达为核心的身体技能。

何为“攻防表达”？在武术技术内容中，攻防表达一直是“攻”“防”两者合而论之的，是中国人思维方式“融合观”的呈现。

一般而言，攻防表达可分为两个阶段。

初级阶段：是一种提升个体身体能力的锻炼方式。“攻”从来都是建立在“防”的基础上——盲目地进攻，性命都保全不了，这样的进攻无任何意义。在社会环境不安定的条件下，个人的防身意识相对而言会更为强烈。

提升阶段：在社会环境安定的条件下，武术作为个体的身体锻炼方式，更侧重于健身、养身等提升和保障自身身体能力的目标。这并不意味着武术没有了防身的基本功用，只不过更趋向于以“防身、健身、养身”三者兼备的方式表达。

攻防表达一直是武术的核心技能，攻防表达是多元化、融合型的表达形式，不是所谓“技击性”所能准确表述的。

现代武术中，无论是对抗类别还是套路演练类别的技能实践，从未缺少“攻防表达”的元素或内容。但在现代武术套路中，攻防技能很少被显性化表达，不知是传授者与被授者有意忽略还是根本不知所造成。

在近几十年的武术传承过程中，所呈现出的社会普遍性现象是：人人都会“打拳”，“嗨、哈、嗨、哈”吼几声，脚踢几下，拳头挥几次就是会武术。速成式进阶体育教学模式造成体育（包含武术类）教学师资水平低下，导致武术发展呈现出徒具表象而缺乏内涵的状态。

中国传统思维根植于武术之中，造就了武术，并通过武术技术技能的表现而外化。

如果武术只是技击技术，武术就不能称其为“武术”。

本书希望以武术技术本身来表达武术，从基本的武术动作、身法（动作完成方法）、动作结构等内容来客观地传递武术观，努力还原武术的本来面目。

第三讲　长拳基础

武术的初始形态是长拳类，又称为“外家拳”，包括长拳、南拳、象形拳、劈挂、翻子、查拳、少林拳等，其套路演练以攻防表达为核心，直观流畅，风格清晰生动。

长拳类奠定了武术的结构框架基础，长拳形态是武术核心内容——“攻防表达”形态的自然演变和深化；长拳的形成及发展演变是攻防技能与个人身体特质融合应用的过程。“内家拳”的构架也从未脱离长拳的基本模式。

长拳类是武术基本拳种之一，能够直观表达武术的基础特性。相对而言，其特征表现为动作完整及结构清晰，拳法、步法、腿法及身法等技术特征一目了然，属外向型直观演练套路，节奏、个人风格鲜明，适合初学者建立对武术的基本认识。

提　示

重点：长拳基本功技术。

长拳基本要素：手型、步型、手法、步法、腿法。

第一节　手型和勾脚

首先，我们开始建立对武术形态表达的基本认知。

在我们的日常生活中，手具有很强的功用，并在人体的上肢运动中起着初始带动作用。

武术来源于我们的日常生活，其所形成的动作结构状态更偏向于自然的人体造型，是在应用过程中逐渐形成并不断演变的，有效地体现着攻防能力。

武术的基本手型和勾脚是中国人对肢体攻防表达动作的提炼，具有实用功能；作为武术技能的基本元素，基本手型（拳、掌、勾手）和勾脚代表了武术的基础技法特征。

一、拳

拳的形成

我们在日常生活中，都有过自觉不自觉地握起拳头的动作，这个动作并非来自于他人有意识的传授，而是我们肢体行为的一种本能的功用性表达。其实在我们的手握成“拳”之时，它就已经形成为一件可以运用的工具——我们会感觉到身体力量部分的聚集。如果你现在按照这个程序做，接下来的动作很可能是挥拳或捶打。

以上的例子说明，武术的基本动作、形态并不是我们有意创造的，而是对肢体自然运用过程的提炼和完善。它来源于我们的生活。

拳的初形

武术中的拳来源于我们自然的握拳。

拳的完成方式

食指至小指四指并拢，曲卷向掌心，大拇指包扣，使拳面形成一个平面。手部力量趋向拳心紧致，使拳与前臂构成整体，最终形成一个工具。

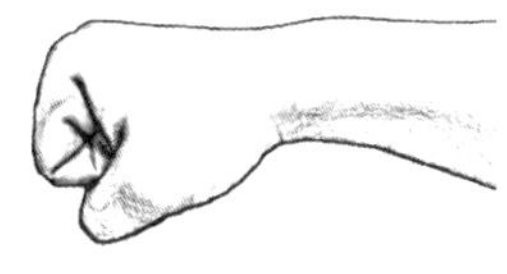
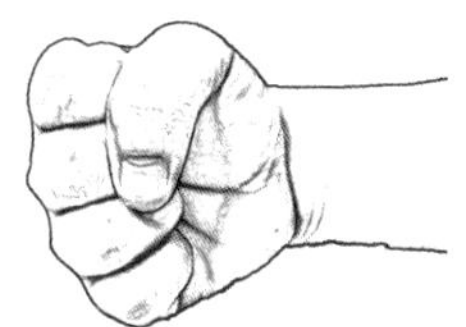

拳的检验方法

用另一侧手掌摩擦拳面，可检验拳面是否为一个平面。

拳的目的

手部是灵活多变的多功能区域。当手形成拳时，是与前臂构成整体，形成合二为一的进攻或防守的工具，可进行冲、捶、劈等动作。

提　示

正确的握拳方式能有效避免身体损伤，减少无意识的自我伤害。

拳必须与前臂形成整体运用，否则即是无效功，还会损伤自己的手。

二、掌

掌的形成

手部功能在我们的日常生活中起着主导作用。一般我们认知的“掌”是指手掌的部分，其运用方式主要是支撑身体和控制手指关节完成各项任务。

武术的“掌”强调的是“手掌”，手的整体平展形态——突出手指成伸展状态，形成“巴掌”。掌是一个可以运用的工具。

掌的初形

掌来源于我们对“巴掌”的运用。

掌的完成方式

食指至小指四指并拢，指关节伸直，手掌展开，四指无缝，拇指侧扣虎口，手部形成一个相对平面。手部力量控制关节，使掌固定构成一个整体，最终形成一个工具。

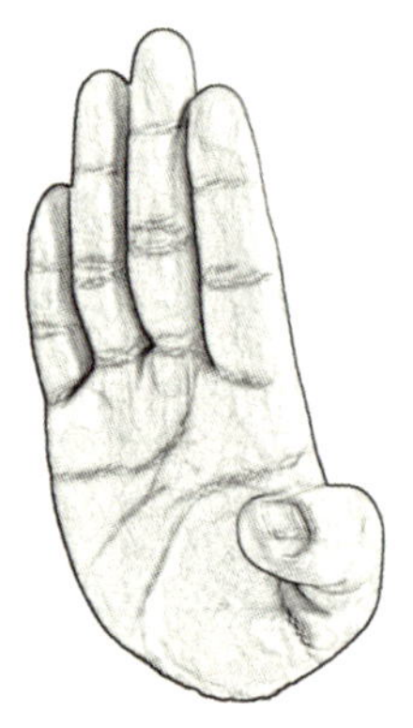

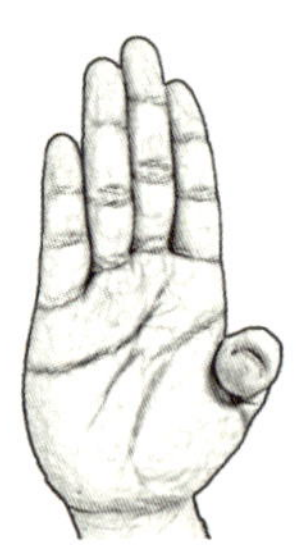

掌的检验方法

拇指侧扣，拇指根部关节与手掌部分构成固定形状。手为固定整体，造型为一个相对平面。

掌的目的

掌可与前臂构成整体，在攻防中进行砍、截、挡等动作；以腕关节为轴点，可完成推、摆、切、穿等动作。

提　示

长拳的掌是武术的标志性造型之一，它强调完全整体性，拇指侧扣虎口是关键点，也是对与误的区分点。掌能与前臂形成一体，具有功用性，也可以腕关节为轴点完成动作。

长拳的掌必须形成手部的整体固化状，否则即是无效功，还会损伤自己的手。

三、勾手

勾手的形成

手部运用中最为常见的是手指的运用，拿、抓、握、捏、点是最普遍的手指动作，表现为拿住、抓到、握稳、捏起、点指等，充分体现出手部关节的功能。

勾手的运动轨迹及趋向是掌部内合，五指相束，形似束点状。它体现了手部运用的灵活多变。

勾手的初形

勾手来源于“拿、抓、点”时手部的运用。

勾手的完成方式

手部五指向内相束于一点，手指关节自然弯曲，保持束点相对固定；以腕关节为轴点，束点趋向手臂，与手臂形成角度，完成勾手。

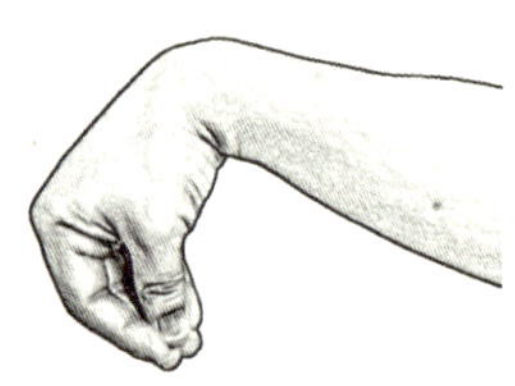

勾手的检验方法

手的五指束为相对的一点，以视觉验证为准。

勾手的目的

在长拳中，勾手有正勾与反勾，现在对勾手的运用多表现为在套路中完成定式动作。

提　示

长拳的勾手看似在手型表达方式中是最弱的一类，而事实上，它应该是非常强调手部的应用。

勾手的整体完成是手部与手臂合二为一的，不能仅将手部造型称为勾手。勾手的手臂在长拳中应该是直臂，无论是正勾还是反勾，其勾尖都应相对垂直于地面。

四、勾脚

勾脚的形成

脚的功能在我们的肢体活动中占绝对主导地位，同时我们深知“一脚、两脚……”的概念及功用性。在自然攻防对抗中，“脚”是不可或缺的。

勾脚的初形

勾脚来源于我们自然运用的腿部动作。

勾脚的完成方式

脚背趋向于小腿前侧，与小腿形成角度，构架为相对固定状，使脚与小腿构成一个整体，形成定式，即为勾脚。

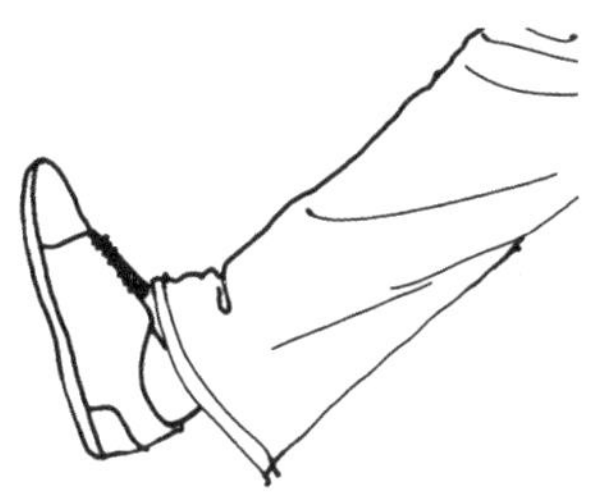

勾脚的检验方法

以膝关节为轴，带动小腿摆动，脚与小腿为相对固定构架，为完成勾脚。

勾脚的目的

脚部是以支撑、移动为主的多功能区域。当脚形成勾脚状时，与小腿构成整体，形成合二为一的进攻或防守的工具，可完成踢、蹬、踹等动作。

提 示

完成勾脚的关键是踝关节不能松，脚勾的角度由踝关节的韧性决定，保持角度为自身能力的极致即完成。完成正确的勾脚动作，才能有效进行腿部攻防，使功用最大化；也能有效避免自身的身体损伤。

勾脚必须与小腿形成整体运用，否则即是无效功，还会损伤自己的脚及踝关节。

结 论

拳——四指卷曲，大拇指包扣握成拳。

掌——手掌伸展，四指伸直并拢，拇指侧扣虎口为掌。

勾手——五指相束成勾手。

勾脚——脚背趋向小腿前侧成角，固定为勾脚。

武术基本形态是个人肢体动作运用精细化的成果，是中国人使用、提升个体身体能力的锻炼方式，并不具有神秘性，也不应该被人为地神秘化。

长拳手型是武术基本动作中最简洁、最直观的动作，也鲜明、准确地代表了武术的基本要素。

如果说拳相当于“锤头”，那么掌就相当于“刀面”。在现有的攻防对抗运动项目中，拳是我们最常见的，而掌的多重形态运用在武术演练中才能清晰得见。

长拳中的勾手看似缺乏攻防能力，是因为我们过多关注造型定式的形态点，而忽视了定式完成所需要的轨迹和过程。勾手是手部抓收的动作方式。勾手成为基本手型的一种，具有其必然性，是手部动作灵活运用的综合表达，同时其与拳、掌的区别也显而易见。

武术中的勾脚，是最具代表性的元素之一，也是最具实用性的基本动作之一，在下肢攻防中起到绝对有效的基础作用。

武术技能注重并强调基本元素的精准。拳、掌、勾手、勾脚——这些武术长拳的基本元素，必须精确表达，并以多元素综合形态来表达——无论是基本训练还是套路演练，万变不离其宗。

第二节　长拳的步型

长拳基本步型有弓步、马步、仆步、歇步、虚步等。

基本步型是武术技能表达中的下肢动作的基本元素，也是攻防表达的核心要素。

一、弓步

弓步的形成

在身体运动项目的步伐中基本都有弓步，但不同类别项目对弓步的认识和应用不同，其表达具有差异性，各具不同的项目特性。

弓步的初形

弓步是介于正常步幅与跨步之间的前行步步型，作为武术动作的一个重要基本元素而存在。

弓步的完成方式

弓步为身体下肢动作，两脚间距大于两个肩宽；一侧单腿屈膝，另侧腿膝伸直，双脚脚尖趋向同方向；上身横向偏屈膝腿侧，身体重

心垂直下沉，髋部下压，形成定式为弓步。

弓步的检验方法

保持身体稳定，完成弓步：身体重心点垂直向下，前腿屈膝后腿蹬直，双脚脚尖趋向同方向，全脚掌着地，脚跟不能离地，形成固定构架。上肢可配合冲拳、亮掌等动作完成长拳定式动作。

弓步的目的

在身体能力能够达到的合理控制范围内，完成一个步法及身体重心稳定性训练。

提 示

弓步大致的形态我们都能表达，因为在日常生活中见到的频率很高。但武术动作的完成是建立在攻防表达的基础上的，因而它对动作的要求及它的目的有其特殊性。

1.弓步中强调的第一标准是稳定。其前脚尖的方向应与屈膝同向，趋向于大腿内侧，整体表达为向下肢支撑点内收，身体重心点向下，保持下肢相对固定和稳定。

2.在弓步完成中，就上身的方向而言，分为正弓步与侧身弓步。常规性的错误认知是“两点之间成直线”，认为弓步中的双脚应在一条直线上。实际上，弓步以脚尖的方向为准点，双脚所形成的方向为两条平行线。

3.在腿部力量及韧带表达能力强的条件下，弓步完成以屈膝侧大腿平行于地面，髋部下压，另一侧腿的膝盖不能弯曲，两脚全脚掌着地为极致。完成动作应量力而行，避免动作变形。

4.弓步是以攻防、稳定为核心的基本动作，为立体结构而非平面结构。

二、马步

马步的形成

在身体运动项目的步伐中，横侧步也是必选项，但依据项目的不同，各类别项目对横侧步的认识和应用不同，其表达具有差异性，也各具不同的项目特性。

马步的初形

马步是身体横向移动过程中的一个状态，作为武术动作的一个重要基本元素而存在。

马步的完成方式

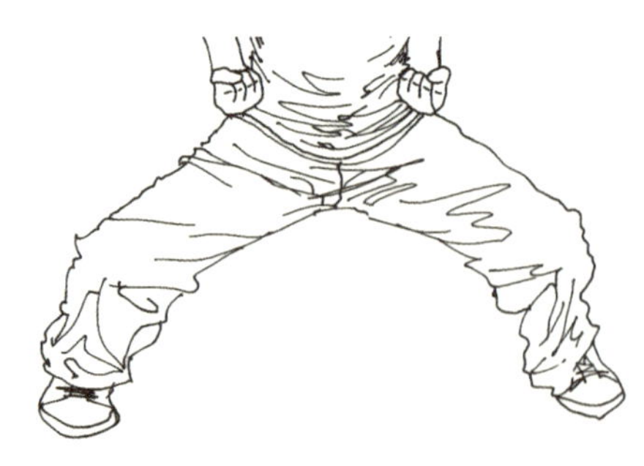

马步为身体下肢动作，双腿横向打开，两脚间距超肩宽，两脚平行，膝微内扣；身体重心点居中，双腿屈膝自然下坐，

重心垂直向下平移至稳定；全脚掌着地，着力点偏脚前掌，膝盖与脚尖同方向，形成定式为马步。

马步的检验方法

保持身体稳定，完成马步：身体重心点垂直向下，上身相对垂直于地面；屈膝下坐深度以自己能控制并稳定为准；马步下坐深低则两腿间距相对宽，站立高则两腿间距相对小；双脚脚尖不能成外八字。

马步的目的

在身体能力能够达到的合理控制范围内，完成横移步伐定式及下肢力量稳定静力性训练。

提　示

1.马步在日常生活中随处可见，但作为武术基本动作，它是攻防移动、静力性下肢力量训练定式。

2.马步中强调的第一标准是稳定。其脚尖的方向应与膝盖同向，趋向于大腿内侧，整体表达为向下肢支撑点内收，身体重心点垂直向下，保持下肢相对固定和稳定。

3.在马步完成中，下肢力量强则可下坐深至大腿平行于地面；但如果身体控制力不足，下坐过深易形成塌胸翘臀。因而完成动作应量力而行，避免动作变形。

4.马步为攻防移动平衡、静力性下肢力量训练的基本动作，为立体结构而非平面结构。

三、仆步

仆步的形成

在身体运动行进的步伐中，仆俯前行移动是可选项，它作为韧带拉伸性练习动作，在武术动作中主要为身体移动方式的基本能力训练之一。

仆步的初形

仆步是身体仆俯移动过程中的一个状态，作为武术动作的一个重要基本元素而存在。

仆步的完成方式

仆步为身体下肢动作，屈膝深蹲，单腿支撑，臀部趋向屈膝腿后脚跟，另侧腿平仆伸直，并将脚尖向内扣，形成定式为仆步。

仆步的检验方法

保持身体稳定，完成仆步：身体重心点垂直向下于深蹲腿，上身相对垂直于地面；支撑腿脚后跟不离地，脚尖略外展，伸直腿脚尖内扣并全脚着地。

仆步的目的

在身体能力能够达到的合理控制范围内，完成深蹲仆俯步伐定式及下肢韧带拉伸性训练。

提 示

1.仆步作为武术基本动作，为攻防移动、柔韧训练定式。

2.仆步中强调的第一标准是稳定。双脚尖应趋于同方向，伸直腿尽量保持伸直状（由个人韧带能力决定），整体表达为身体重心点贴近地面，上身垂直向下，保持下肢相对固定和稳定。

3.在仆步完成中，伸直腿部可至贴近地面，双脚全脚掌着地。腿部韧性决定动作完成质量，因而完成动作应量力而行，避免动作变形。

4.仆步可为定式动作，也可是过渡性行进动作。作为过渡性穿行动作，重心点在行进中有移动，由向前伸直腿屈膝、重心前移完成。

5.仆步为攻防移动平衡、下肢韧带拉伸性训练的基本动作，为立体结构而非平面结构。

四、歇步

歇步的形成

在身体运动行进的步伐中，深蹲是可选项，或作为髋部、脚踝韧带拉伸练习动作运用，在武术动作中主要为身体移动方式的基本能力训练之一。

歇步的初形

歇步是身体深蹲移动过程中的一个状态，作为武术动作的一个重要基本元素而存在。

歇步的完成方式

歇步是身体下肢动作，双腿交叉，屈膝深蹲，前脚尖外摆，全脚掌着地，后支撑腿前脚掌着地，臀部后坐支撑腿后脚跟。身体重心后坐于后支撑腿脚跟，上身相对直立，垂直于地面，保持平稳，形成定式为歇步。

歇步的检验方法

保持身体稳定，完成歇步：身体重心点垂直向下，在深蹲后坐腿上，上身相对垂直于地面；前脚尖外摆，后脚跟离地；后支撑腿脚前掌着地，上身坐于后支撑腿。

歇步的目的

在身体能力能够达到的合理控制范围内，完成深蹲歇步定式及髋部、脚踝韧带拉伸性训练。

提示

1.歇步作为武术基本动作，为攻防移动和髋部、脚踝柔韧训练定式。

2.歇步中强调的第一标准是稳定。双腿交叉，前脚尖外摆，后脚为前掌着地（由个人韧带能力决定），整体表达为身体重心后坐，上身垂直，保持下肢相对固定和稳定。

3.在歇步完成中，后腿膝盖可至贴近地面。腿部韧性决定动作完成质量，因而完成动作应量力而行，避免动作变形。

4.歇步是攻防移动平衡和髋部、脚踝韧带拉伸训练的基本动作，为立体结构而非平面结构。

五、虚步

虚步的形成

虚步是身体的形体表达中单腿支撑定式的基本项，在武术动作中主要为身体支撑、平衡性的基本能力训练之一。

虚步的初形

虚步是身体直立站立的基本变形，作为武术动作的一个重要基本元素而存在。

虚步的完成方式

虚步为身体下肢动作，分为高虚步与低虚步：单腿直立支撑，身体垂直直立，另侧腿伸直，脚尖向前点地，为高虚步；单腿屈膝支撑，身体相对垂直于地面，另侧腿微屈，脚尖向前点地，为低虚步。身体重心点完全在支撑腿，身体重心垂直下沉，另侧腿形如虚设，形成定式为虚步。

虚步的检验方法

保持身体稳定，完成虚步：上肢相对直立，身体重心点垂直向下，单腿支撑，另侧腿若移动，身体其他部位无移动变形，形成相对稳定构架为虚步。

虚步的目的

在身体能力能够达到的合理控制范围内，完成基本平衡及身体重心稳定训练。

提 示

虚步是五个基本步型中最难表达的，因为它在日常生活中不常见。它强调重心点的准确度和身体平衡性。

1.虚步中强调的第一标准是平衡稳定，为单腿支撑保持平衡的动作。

2.在虚步完成中，支撑腿直立为高虚步，支撑腿屈膝下坐为低虚步。

3.低虚步的完成，在腿部力量足够强的条件下，以屈膝腿大腿平行于地面，另侧腿脚尖前点地面，上身相对垂直于地面为极致。腿部力量及韧性决定动作完成质量，因而完成动作应量力而行，避免动作变形。

4.虚步是以平衡稳定为核心的基本动作，为立体结构而非平面结构。

小结

武术步型以稳定为基准，注重静力性腿部力量的增强，强调步型转换移动的衔接顺畅——静中有动，动中有静。

第四讲　长拳技法

常见的长拳基本技法，是由拳法、掌法、肘法、腿法、步法等以人体关节点为基点进行的动作及腾空跳跃类、平衡类动作所组成的。虽然在基础武术学习训练过程中，教练会提及身法，但何为身法，却始终未能有文字将其清晰、明确地表达出来。

首先我们需要弄清楚武术中的拳法、步法、腿法以及剑法、刀法等这些类别中的“法”所指的是什么，以及如何去认知。

武术的技法——拳法、步法、身法、剑法等中的“法”，一般指的是方法；在基础教学中，表达为“运用演练的基础规则”。

在基本动作部分，我们谈到了武术是不具有标准化模式的，它是“攻防表达”框架内的大同结构，其演练演变形式层出不穷，但万变不离其宗。

第一节　拳法和掌法

拳法、掌法和肘法，指上肢手臂基本动作完成的方法及规则。

一、拳法

拳法，包括冲拳、劈拳、贯拳、砸拳等。

●冲拳

身体直立，两腿横向分开大约平肩宽，两脚平行，脚尖向前；头顶腰立，双脚全掌着地，双手拳心向上抱拳于侧腰腰线，屈肘肘尖向后，两肘同向，为预备式。

目标点为身体中线正前方向，高度平肩，单臂出拳向前，自然向内旋转至目标点，眼、肘、拳形成相对直线，成定式为冲拳。

拳背向上为平拳，拳眼向上为立拳。

冲拳的练习方式

1.基本训练：身体直立成预备式，单拳力至拳面，肩顺出保持定式1~2秒；左右冲拳交替进行，下肢支撑稳定不变。

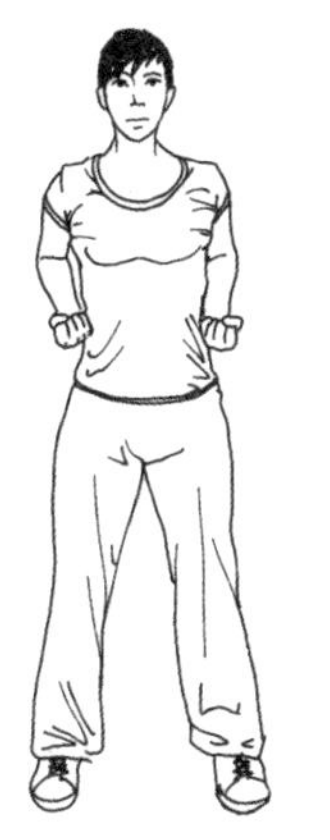

2.弓步冲拳：左弓步右冲拳，右后脚上步，上身平稳相对不变；左冲拳重心平行前移，左后脚前掌辗地后蹬直膝盖，形成右弓步左冲拳；在行进移动中完成。

冲拳的动作要领

冲拳是前置动作，常规方向为身体正前方，眼到拳达；出拳以肩关节为轴，手臂摆动直拳冲出；身体直立，腿部定式支撑如地面生根，头颈向上顶升，身体中心轴拉直，重心点在身体中线向下的髋腹部位；下肢支撑稳定，整体结构立体化。

冲拳是长拳最基础的拳法，为武术技能的基础形态之一。拳法完成的准确度直接影响其技法演练能力。

●劈拳

侧身劈拳，手臂以头上方为起点，单侧手臂握拳，侧身抡劈至平肩，为立拳，拳眼向上；目标点为肩外侧，水平高度平肩，眼、肩、拳成相对直线，成定式为劈拳。

劈拳的练习方式

1.基本训练：身体直立，摆手至头上方，带拳侧劈拳，至平肩高，保持定式1~2秒；下肢支撑稳定不变。

2.弓步劈拳：左弓步左劈拳，右抱拳于右腰

线，上身保持平稳不变，形成弓步劈拳；原地左右交替完成。

劈拳的动作要领

劈拳是侧身动作，常规方向为身体平面的左右平行向；以肩关节为轴，手臂握拳，由头上方向肩侧抡劈至平肩；下肢支撑稳定，整体结构立体化。

●贯拳

侧身贯拳，手臂以身侧髋部为起点，右侧手臂握拳，侧身抡带至头上方，同时左侧手掌侧起对向击右拳；目标点为头部前上方偏左侧，在侧视线范围内成定式为贯拳。

贯拳的练习方式

1.基本训练：步型为马步或半马步，身侧起右拳，抡带至头上偏左侧前方，击左掌贯拳，保持定式1~2秒；右脚碾蹬至膝直，成左弓步。

2.弓步贯拳：左弓步左贯拳，右弓步右贯拳。上身侧斜，目光直视，形成弓步贯拳；原地左右交替完成。

贯拳的动作要领

贯拳是侧身动作，常规方向为侧身弓步斜上方；弓步完成髋部下压定型，蹬直腿，膝盖顶直；上身与蹬直腿成相对直线，与地面形成相对夹角；贯拳臂位于头部斜前上方，目光直视；下肢支撑稳定，整体结构立体化。

●砸拳

正面砸拳，单手臂握拳，由头前上方起，向下捶砸至腹前，拳背向下，另侧手掌掌心向上接击定点，下肢并步屈膝下坐定点，目光直视正前方，成定式为砸拳。

砸拳的练习方式

1.基本训练：两腿前后站立，双脚方向平行，重心偏后；起拳拉伸重心前移，砸拳并步下蹲；重心点垂直下移，与砸拳击拳点平，保持1~2秒成定式。

2.并步砸拳：右手砸拳左手掌接击，左脚前右脚后；前移右脚并步，同时右拳向下砸击左掌，形成并步砸拳。

砸拳的动作要领

砸拳是正面原地动作，常规方向为垂直由上向下；砸拳、并步时重心一致垂直向下，形成合力；重心点与砸击点平，目光直视正前方；下肢支撑稳定，整体结构立体化。

小 结

拳法：腰侧平前直出为冲拳，
头上向肩砍出为劈拳，
由下向头摆出为贯拳，
由上向下捶打为砸拳。

二、掌法

掌法，包括亮掌、推掌、劈掌等。

●亮掌

亮掌为侧身动作，身体并步直立，两脚跟并拢，双臂自然下落，手为掌；手臂侧摆起至平肩，以腕关节为轴带起手掌，与手臂相对垂直，为横亮掌；手臂侧摆起至头上方，手掌相对平行于地面，为上亮掌。

亮掌的练习方式

1.基本训练：身体直立并步，左右手臂同起横亮掌；目光直视正前方，保持定式1~2秒；下肢支撑稳定不变，成并步亮掌。并步亮掌为基本腿法——直接性腿法、击响性腿法的预备式。

2.弓步亮掌：左弓步亮掌，左上亮掌右横亮掌，为侧弓步亮掌；摆头至偏右侧，目光平视其正前方，保持定式。

常用组合有高虚步亮掌、虚步亮掌、提膝亮掌、仆步亮掌等。

亮掌的动作要领

亮掌为侧身动作，但定式结构是多样的，一般视为正向动作；横亮掌，手腕、肩相对平行于地面；上亮掌，手腕、肩相对垂直于地面；下肢支撑稳定，整体结构立体化。

●推掌

身体直立，两腿横向分开大约平肩宽，两脚平行，脚尖向前，抱拳成预备式。

目标点为身体中线正前方，水平高度平肩，单臂抱拳变掌向前推行至目标点，眼、肘、掌相对成直线，成定式为推掌。

推掌的练习方式

1.基本训练：抱拳成预备式，左右推掌交替进行，单掌力至掌外侧，保持定式1~2秒；下肢支撑稳定不变。

2.弓步推掌：为侧身动作，左弓步左推掌，右抱拳于右腰线，上身保持平稳不变，形成弓步推掌；可左右交替完成。

常用组合有并步推掌、行进推掌、弓步推掌（左弓右推）等。

推掌的动作要领

推掌可正起推、侧起推，常规推至平肩高，掌力达至掌外侧；手臂并不要求肘关节完全伸直；下肢支撑稳定，整体结构立体化。

●劈掌

劈掌为侧身动作，身体直立，两腿横向分开大约平肩宽，两脚平行，脚尖向前；以肩为轴，手臂向内旋至头上方；以肘关节为轴加速，前臂、掌下劈至平肩，成定式为劈掌。

劈掌的练习方式

1.基本训练：身体直立，可正身、侧身起掌，抡带至头上方，以肘关节为轴向下加速，劈掌至平肩高，保持定式1~2秒。

2.弓步劈掌：右弓步右劈掌，双臂侧起，右掌背于头上方击左掌心，随即由两侧原路下落，右劈掌至平肩，左臂回至侧腰抱拳；步型右弓步，完成右弓步劈掌；可左右交替完成。

常用组合有行进劈掌等。

劈掌的动作要领

劈掌有定式动作，更多地表达为行进、动态状，常规落点平肩，肩、腕、掌尖成相对直线，与地面相对平行；可正、逆时针方向抡起至头上方，肘部、前臂加速下落劈掌，目光直视掌正前方；重心点偏目标方，属进攻型动作，下肢移动调整重心点，整体结构立体化。

小 结

掌法：下起摆臂至肩立掌为亮掌，
平推向前至肩立掌为推掌，
抡上向下至肩横劈为劈掌。

第二节　腿法和平衡动作

腿法，包括踢腿、击响性腿、弹腿、蹬腿、踹腿、扫腿等。

一、直接性腿法

直接性腿法包括正踢腿、侧踢腿、外摆腿、里合腿等。

预备式：两臂侧起亮掌，并步直立，目光直视前方。

●正踢腿

左腿向前小迈步，右腿跟进起脚；

左腿直立支撑，以右髋关节为轴点，右腿向前摆起，过胯加速，勾脚擦头；

右腿下压，回腿落地。

两腿可交替前行，完成正踢腿。

●侧踢腿

左腿向前小迈步，脚尖外摆，身体转向左侧；

左臂由下后方上抡至头上方亮掌，右臂向前下方摆至左腋下亮掌，摆头，目光直视正前方；

左腿直立支撑，以右髋关节为轴点，右腿向正前方摆起，过胯加速，勾脚擦侧身肩后至头；

右腿下压，回腿落地。

两腿可侧身交替前行，完成侧踢腿。

●外摆腿

左腿向前小迈步，右腿跟进起脚；

左腿直立支撑，以右髋关节为轴点，右腿勾脚向左前摆起，绷脚向头部外侧画圆弧（由内向外）；

右脚贴身体过头，右腿加速下压，腿落地。

两腿可交替前行，完成外摆腿。

●里合腿

左腿向前小迈步，右腿跟进起脚；

左腿直立支撑，以右髋关节为轴点，右腿向右前外侧摆起，绷脚向头部画圆弧（由外向内）；

右脚贴身体过头，右腿加速下压，腿落地。

两腿可交替前行，完成里合腿。

踢腿的动作要领

踢腿练习为腿法基本训练内容。踢腿过程中，上身保持中正、稳定，手臂不能晃动；上步行进中，身体平向前移，重心点向前平移。相对而言，上身姿势不变。起腿过胯加速，下落回行时快速下压，身体保持中正，不能随腿的运动轨迹晃动。

二、击响性腿法

击响性腿法包括前拍腿、击响性外摆腿、击响性里合腿。

预备式：两臂侧起亮掌，并步直立，目光直视前方。

●前拍腿

左腿向前小迈步，右腿跟进起脚；

两臂由前方带摆掌起至头上方，左手掌心击打右手掌背；

正踢腿右腿绷脚尖起，至头上方与右手掌位击打，有击打响声；

右腿下压，回腿落地，两臂回预备式。

两腿可交替前行，完成前拍腿。

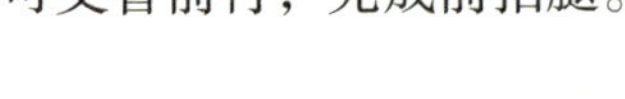

●击响性外摆腿

左腿向前小迈步，右腿跟进起脚；

两臂由前方带摆掌起至头上方，左手掌心击打右手掌背；

起右腿外摆腿，至头上方与双掌对向横扫击打，有击打响声；

右腿下压，回腿落地，两臂回预备式。

两腿可交替前行，完成击响性外摆腿。

●击响性里合腿

左腿向前小迈步，右腿跟进起脚；

两臂侧起亮掌不变，起右腿里合腿；

右腿下落至左掌处，右脚脚心与左手掌心相击，有击打响声；

右腿下压，回腿落地，两臂回预备式。

两腿可交替前行，完成击响性里合腿。

击响性腿法的动作要领

击响性腿法与基本腿法练习相似，但掌与脚相击打是脚趋向掌，而非手掌去找脚击打；起腿时绷脚尖而非勾脚。

三、屈伸性腿法

屈伸性腿法包括弹腿、蹬腿、踹腿等。

●弹腿

以膝关节为轴点，带动小腿绷脚尖弹出，至目标点。

弹腿冲拳：高虚步右冲拳为预备式，重心前移至左腿支撑，右腿跟进；

右收拳左冲拳，以髋关节为轴点，右大腿向前上方起至平行于地面；

以膝关节为轴点，小腿绷脚尖加速摆起至膝关节伸直；

保持定式1~2秒。

两腿可交替前行，完成弹腿冲拳。

●蹬腿

以膝关节为轴点，带动小腿勾脚蹬出，至目标点。

蹬腿推掌： 高虚步右推掌为预备式，重心前移至左腿支撑，右腿跟进；

右收拳左推掌，以髋关节为轴点，右大腿向前上方起至平行于地面；

以膝关节为轴点，小腿勾脚加速蹬起至膝关节伸直；

保持定式1~2秒。

两腿可交替前行，完成蹬腿推掌。

弹腿、蹬腿的动作要领

弹腿为绷脚尖，蹬腿为勾脚；无论是绷脚尖还是勾脚，动作完成中脚与小腿均构成整体，踝关节不能松弛；弹腿时着力点在脚背，蹬腿时着力点在脚跟；身体重心点在支撑腿一方，不能前移。

●踹腿

以髋关节为轴点，起大腿上收趋向胸部，屈膝勾脚收于大腿后根部，腿上形成叠勾状，再蹬踹至目标点。分正踹腿和侧踹腿，在组合、套路中多以侧踹腿表达为主。

侧踹腿：右腿向前小迈步，脚尖外摆，身体转向右侧；

左腿起腿勾收，大腿收向腹部，蹬踹至目标点；

保持定式1~2秒；

左腿回收，落回起始状。

踹腿的动作要领

起腿速度快，勾脚保持固定，力从脚跟传递出去；身体重心点在支撑腿，收腿时重心点不能前移，落脚回至支撑腿后方。

小　结

基本腿法属基本功训练内容，踢、击响性腿法是腿部韧带拉伸、腿部起摆收运动速度的专业基础性训练；弹、蹬、踹腿为基本进攻型腿法。

四、平衡动作

平衡动作指单腿支撑保持相对静止稳定定式3秒以上。

平衡动作包括提膝平衡、燕式平衡、侧身平衡、仰身平衡等。

●提膝平衡

直立平衡，右腿支撑，左膝离地上提趋向前胸，左脚绷脚尖内扣趋向大腿根；

上肢伸展稳定，保持平衡。

可左右交替练习。

●燕式平衡

俯身平衡，右腿支撑，上身前俯，趋于与地面平行；

左腿离地上起，平行于地面并趋向上方；

上肢伸展稳定，保持平衡。

可左右交替练习。

第五讲　武术的特征

一、武术的基本特征

人身体的生理结构决定了人类身体运动形式的大同——走、跑、跳、转等的移动方式是类似的，上肢动作的摆挥、平衡等也是类似的。我们不可否认许多运动项目，特别是身体演练性项目中的诸多造型与武术存在必然的类同，但武术的运作方法及其最终表达的差异性，才是使武术区别于其他运动项目而被称之为“武术”的根本所在。

中华文明造就“武术”，“武术”作为一种动态形态，表达、传承着中华文明精神。

武术的基本特征与现代体育并不相融合，它的形成、成熟和完善本身就是漫长的历史沉淀的成果，与现代体育所倡导的简洁、规范、标准有着显著的差异，但在“加强身体锻炼、改善身体素质、建立健康生活方式”的大方向上是一致的。然而，随着现代体育的兴起，人们对武术的认识也受到了现代体育观念的影响和各种主观因素的干扰，武术渐渐失去其立足之本，有点“找不着北”了。

其实，我们既不必夸大武术的功用性，也无须强迫武术改变自身的发展轨迹去迎合“现代体育观”。如果一味地强调“现代体育观”而脱离了武术的核心内容，势必使武术成为现代体育方阵中的一个“怪胎”，缺乏民族自信而走向式微，其结果得不偿失。

在实践中，武术具有其自身的发展演变规律。武术的社会化使其技能内容具有自主进化调整功能，对社会发展的适应能力很强，具有稳中求变、变中求发展的能力，属应用型术科。武术实践应是武术发展的主导，现今理论界力求以理论指导实践，有纸上谈兵之嫌。因为伪理论研究无力主导、更不可能持续引导武术的发展。

武术发展的根本是武术实践，武术的基本特征是攻防表达。

1.武术技能基础——稳定是根本。

手型、勾脚是武术的基本元素，强调精准；身体重心必求平稳，力求整体稳定——身体形态、状况的稳定，俗称桩子稳、下盘稳。这些由整体力量、重心把握、移动的灵活度决定，以步法、腿法、身法所形成的技法完成。

2.武术技能形态表达——立体结构多元化，不具标准化。

所有的武术动作定式、组合、行进动态、演练动作的表达无不如此。

3.武术技能目标——动态性、综合化。

无论是对抗项目还是演练项目，其目标是对手、假想对手以及自身，而不是器械。

目标具体为既要有防身能力，又不伤身，还要健身、养身，提高身体能力和素质。

4.武术技能意识——强调人的主动性，自觉意识主导武术的演化。

攻防表达是综合应用方式，而非单一的进攻或防守。简言之，攻防为事物的两个方面并在应用中相互转化，这完全依靠演练者的自我认知和理解，将攻防自如地为我所用。

二、武术的精气神

我们一直以武术长拳的基本动作来阐述武术的基本特点——“攻防表达”。攻防是事物既对立又统一的两个方面，在武术中不能将它们孤立地割裂开来进行认知。武术的意识和形态不能通过孤立的动作技能表达出来，只能由整体技能的综合表达方式来体现。

除了武术长拳基本动作形态的关键要素外，在武术学习训练过程中还强调“武术意识”。“武术意识”主要通过武术的“精气神”来表达。

武术的“精气神”指武术运用、演练过程中的整体状态，是技术技能完成过程中的综合武术意识表达。何为“武术意识”？“武术意识”实为“攻防表达”意识，攻防表达意识状态贯穿武术运用、演练的整体技能表现之中，是武术的核心。无论是技术内容的体现还是技术动作的完成，都以“攻防”为核心。武术意识的目标明确，在长拳中表达为个体演练“凶、猛、狠”的意识状态。

武术的“精气神”，体现为个体在技能完成、演练过程中的身体精神状态、气息节奏控制以及注意力、眼神关注目标的综合表达，其中眼神为基本点，能起到“画龙点睛”的作用。

然而，在实际运用中，武术的基础教学、训练内容并未将“精气神”列为主要内容，特别是在相关的形体基本训练中，眼神的走向、头部的转动方向等，均未列为训练的基本动作点。

“目光前行”“眼到、手到、头先到”是攻防表达的必然要求，如果缺少武术所必备的“精气神”，则难以体现攻防表达。

●长拳的摆头

摆头的形成

在攻防表达中，攻、防的起点是主观意识，关注点的起始点是目光的聚焦，“精气神”是进入攻防状态的必备条件。因此，摆头在武术动作中，被作为身体攻防意识、技能的基本能力训练内容之一。

摆头的初形

目光前行，眼到、手到、头先到，作为武术动作的基本要素存在。

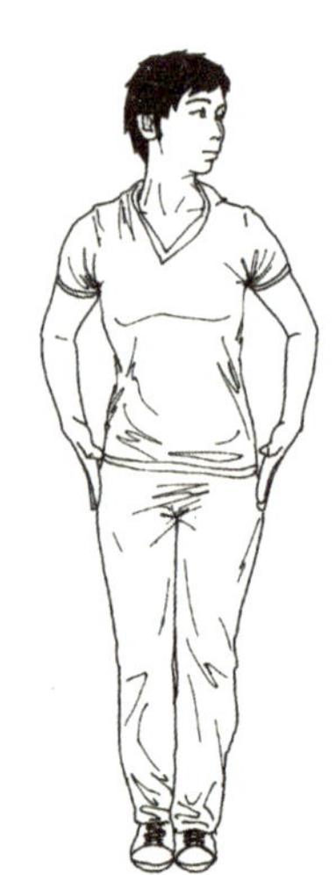

摆头的完成方式

摆头作为武术基础训练内容，是身体警觉、进入备战状态的起点。要求：上身直立，颈部顶撑头部至紧致状态，双目平视前方；颈部为轴，头向左侧微摆动，下颌略收，目光平移至左前方远处聚焦，形成定式为摆头。

摆头的检验方法

保持身体稳定，完成摆头；上身直立，腰顶颈立，身体紧致，头微摆，下颌内收，目光平视左前方，身体其他部位无移动，形成相对稳定构架为摆头。

摆头的目的

头到、眼到、手到，训练武术攻防意识以及协调性和稳定性。

提示

摆头是培养攻防意识的基础性训练，在日常生活中不常见。它强调整体攻防意识的准确和肢体协调配合。

1.摆头中强调的第一标准是相对定式。

2.摆头的完成，实为身体整体的紧致，即身体进入预备式，是攻防演练中“精气神”的表达形式。

3.摆头的完成，是瞬间微摆头部向左定格，目光至远关注一点。完成动作时，应量力而行，避免动作变形。

结论

“攻防表达”是武术的核心：

“攻防表达”一直都存在于武术之中，是本原。

“攻防表达”贯穿于武术的全部形态中，不可或缺。

“攻防表达”具有唯一性，是武术的最核心内容。

不具备中华民族精神文化的传承，不具备攻防表达的形体演练技能，不可谓武术。

武术是“防身、健身、养身”综合应用的个体技能，以“攻防表达”为核心内容，体现了中国人的思维方式和传统文化，注重融合，强调个体的参与、体验和认知。

第六讲　基础太极拳

太极拳是内家拳中具有代表性、传播最广泛的拳种之一，具有代表性的内家拳还有形意拳、八卦掌等。

内家拳的形成是建立在长拳拳种相对成熟的客观基础之上的，是武术与社会环境、中国文化传统相结合的产物。在一定历史时期里，太极拳、八卦拳、形意拳等都以太极八卦等原理作为基础演变扩展，促使武术认知呈现出一个质的飞跃，由单一的攻防技能表达向驾驭、牵制、平衡的综合型、多元化攻防表达扩展，体现出中华传统精神状态“总是向往团结与融合”，而非西方文明所传递的“斗争与分裂”。

我们无从考证是武术实践者对“攻防表达”认知的提升，还是社会文化思潮的变化，促使武术认知演变而形成内家拳的太极八卦说，但有一个主干我们可以确认：“太极、八卦、形意充分应用及体验着万变不离其宗的认知——圆的线条、流动的应用及理解深化”，这是对太极八卦原理的原始而纯朴的认知。

从某种程度上来说，内家拳是外家拳的提升和扩展，同时内家拳更具有包容性、兼容性、自然融合性。

下面以太极拳为例说明。

太极拳的形成

太极拳属于内家拳，是中国武术的优秀拳种之一，与长拳类拳种在基础特性上有着鲜明的差异，但并未脱离武术长拳的基本构架。

相对于长拳，太极拳更加强调对自然的理解和对自然形态的应用，通过个体主观控制能力达到身心合一；其技能表达，节奏舒缓、步法平实、动作稳健，注重自我表达、自我状态、自我认知。

太极拳的演练风格甚多，所呈现的表达形式及理念繁杂，需要拔开表象，运用演练表达来诠释太极拳的要领。

基础太极拳以主流普及最广、综合表达较全面的杨式大架为框架，构建太极拳的基础范畴。

提　示

重点：太极拳基本技术

太极拳基本要素：手型、步型、手法、步法

第一节　太极拳的范畴

通常当我们说到太极时，浮现于我们脑海里的形象绝大多数会是太极图。

首先，我们建立一个概念，即太极是圆的。它是没有角的，所组成的线条是流畅的、可转动的——太极拳的演练“无角化”。

其次，太极拳演练要求平衡、匀速，注重主观能动性训练，强调主观自我控制与客观表达合二为一的一致性；其动作速度慢于个人自然行为速度，演练速度“慢”是其基本特征之一。

再次，太极拳的演练运作都是在个体身体的自然行为动作范围框架内，其结构动作都保持自然行为动作构架。

太极拳的演练是更趋于自然形态的多元化攻防表达的技能方式。

太极拳基本构架

太极拳演练中的基本规范：

上肢运作为身体的前部分，抬手起上，手腕不过头；手臂运作在身体前侧约150°（左、右各展75°左右）范围内；下按手腕不下胯；上肢动作完成应在视线范围内，强调身体主导带动作用及控制能力。

相对而言，在太极拳的肢体表达中，完成上肢动作时手臂不必完全伸直，无角为弧；下肢以屈膝下蹲式行进为主。

太极拳上肢动作的完成充分利用前半身的空间，是绝对的多维化，充分体现整体的立体结构，不存在任何平面化表达；攻防表达自然，身体整体运动平和、稳定，趋向内敛。

太极拳下肢动作要求屈膝平移，保持重心点相对在同一平面上匀速运行，重心转移须流畅、稳定。

太极拳强调头到、手到、步稳，动作完成自然流畅，整体构架稳定内敛；力随身动，身随人动，人随心动，可谓形、态、意的整合，综合表达、整体协调是其基本要领。

第二节　太极拳手型、步型

一、太极拳手型

太极拳手型：拳、掌、勾等。

●太极拳的拳

拳的完成方式

身体自然直立，手自然抓握；食指至小指四指并拢，屈卷向掌心，大拇指包扣，形成自然握拳状。与长拳的握拳为实心拳不同，太极拳为自然拳，一般为立拳，拳眼向上。

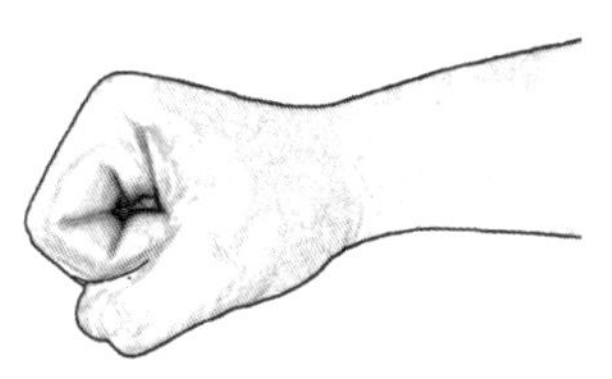

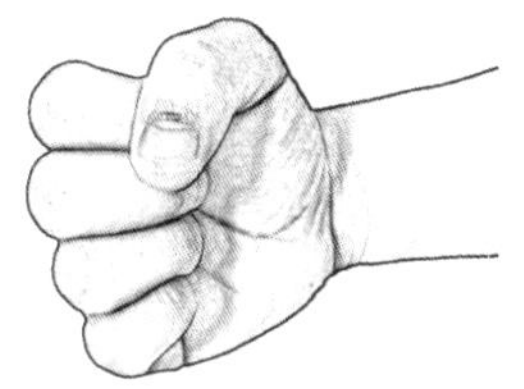

拳的检验方法

出拳手自然抓握拳，虎口向上，保持相对定式。

提　示

太极拳，其拳的表达主要为立拳，相对长拳更为趋向自然形态。

●太极拳的掌

掌的完成方式

身体自然直立，双臂自然下垂于身体两侧；单臂起手，手型不变，起至臂平肩，立掌，掌心向前方，五指微向前延伸成定式，为掌。

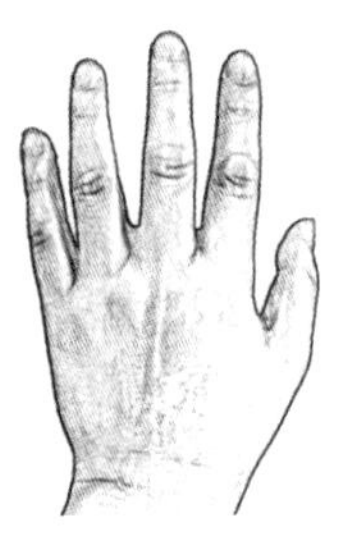
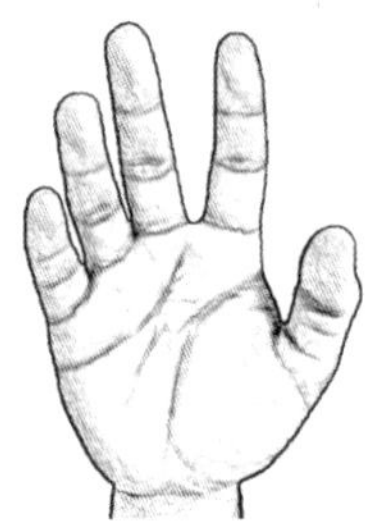
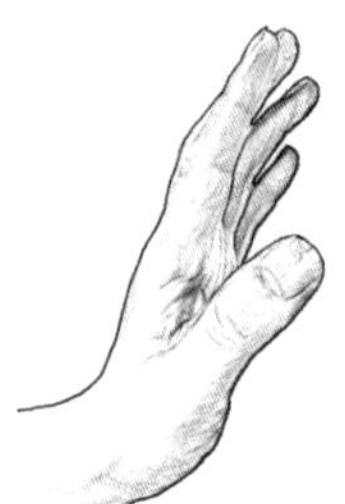

掌的检验方法

掌为自然形态，抬臂时保持手掌初型，定型时只需五指向前微延伸，为抓握起始状，保持相对定式。

提　示

太极拳的掌，实为我们日常行为中手部动作的起始状态，相对长拳更为趋向自然形态，不是我们常规性体育教学认知所形成的定式思维——运动动作的完成非日常形态。

●太极拳的勾

勾的完成方式

身体自然直立，单臂自然侧起，微高过肩；掌心向下，五指抓握束为一点，手腕自然下落成定式，为勾。

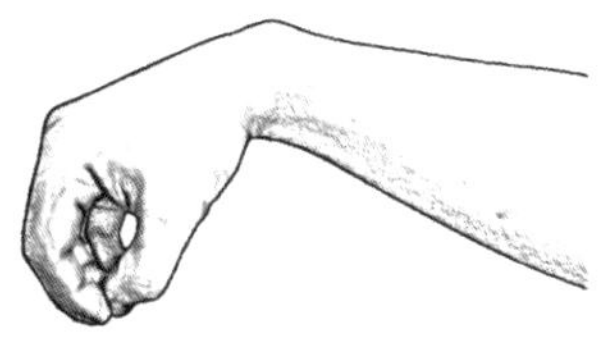

勾的检验方法

勾为自然抓握形态，勾尖向下，保持相对定式。

提　示

太极拳的勾手，相对长拳的勾手更为趋向自然形态，五指自然抓握定型。

二、太极拳步型

太极拳步型：弓步、马步、仆步、虚步、歇步等，与长拳基本相同，完成方法、要领亦基本类同。

●弓步、马步、仆步、虚步、歇步

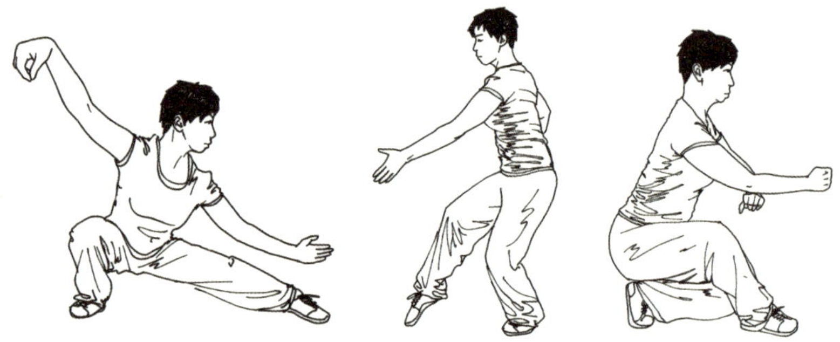

提 示

太极拳的步型相对长拳更为趋向自然形态，可依据个人能力完成步型的高度，以能在动作完成、移动的过程中保持重心点横向平移为准。

第三节　太极拳手法、步法

一、太极拳手法

太极拳手法：掤、捋、挤、按、推等。

●掤、捋、挤、按、推

提示

太极拳的出手动作，手臂呈不完全伸直形态，为自然出手形态；上肢动作完成造型“无角化”，以弧形为原则，相对长拳的演练形态更为趋向自然形态。基本为身体行为动作的自然表达，不存在夸张、刻板的固化表现。

太极拳的演练无绝对的静止，它以上肢动作为主导，单个动作的完成点为似静非静的动与静的临界状态，整套动作似行云流水，连绵不断地进行。演练节奏以自我平稳呼吸节奏为基准。

二、太极拳步法

太极拳步法：进步、退步、并步等。

●太极拳进步

进步的完成方式

身体直立，双腿屈膝，重心移至一侧，单腿（右）支撑，另一侧脚尖（左）点地为丁步，为起始姿势；左脚离地斜前出，落脚，重心前移，后腿（右）膝关节蹬直，后胯下压形成弓步；弓步完成相对稳定，后腿（右）屈膝，重心平行后移回坐，前脚尖离地调整方向至与膝盖同方向，身体调整为同方向；重心平行前移成弓步，后脚跟（右）离地，脚尖离地前移，收至支撑腿（左），脚尖点地成丁步，单侧进步完成。另侧相同，可循环进行练习。

进步的检验方法

进步中形成弓步，后膝自然伸直完成；弓步完成后，后腿再屈膝平移回坐；回坐完成后再次前移成弓步，收后腿成丁步，可保持相对定式。

提 示

太极拳的进步，弓步完成后膝必须自然伸直；行进过程中保持身体重心在平行于地面的同一平面上回坐、前移；上步为斜前方上步，两腿前行的轨迹应相对为两条平行线，此为攻防表达的必备项，也是太极拳的基本演练特征之一。行进速度平稳、匀速，低于日常行走速度，以自我平稳呼吸节奏为基准。

●太极拳的退步与并步

退步与并步的完成方式

退步、横向平移并步与日常行走的退步、横向并步类似，只需屈腿（屈膝），保持身体重心在平行于地面的同一平面上移动；行进速度平稳、匀速，低于日常行走速度，以自我平稳呼吸节奏为基准。

三、太极拳的演练特征

1.太极拳演练特点：

自然运用，呼吸常平；

身正体松，沉肩垂肘；

行进平稳，节奏舒缓；

动作连绵，转换协调。

2.太极拳演练似是常态而非常态，沉稳流畅，强调整体稳定、平实、常态化。

3.太极拳演练以增强个体自我防护、自我控制、自我调整能力为目的，体现个体身体能力的积累与提升。

附录：基础训练部分——动作详解

武 术 操

可配广播体操口令（每节两个八拍）。

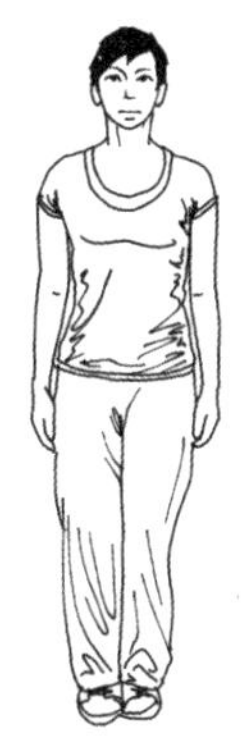

抱拳礼

身体直立，并步抱拳。

第一节　起势——抱拳亮掌

第一八拍：

1.左腿侧出，脚距平肩宽，重心居中；双臂侧起至平肩，手型为掌，掌心向下。

2.摆头向左，同时左手收腰抱拳，右手上行亮掌。

3.摆头回正，目视前方，同时双臂回行至平肩，手型为掌，掌心向下。

4.左腿收回成并步，双臂下落回起始状。

5.右腿侧出，脚距平肩宽，重心居中；双臂侧起至平肩，手型为掌，掌心向下。

6.摆头向右，同时右手收腰抱拳，左手上行亮掌。

7.摆头回正，目视前方，同时双臂回行至平肩，手型为掌，掌心向下。

8.右腿收回成并步，双臂下落回起始状。

第二八拍：重复

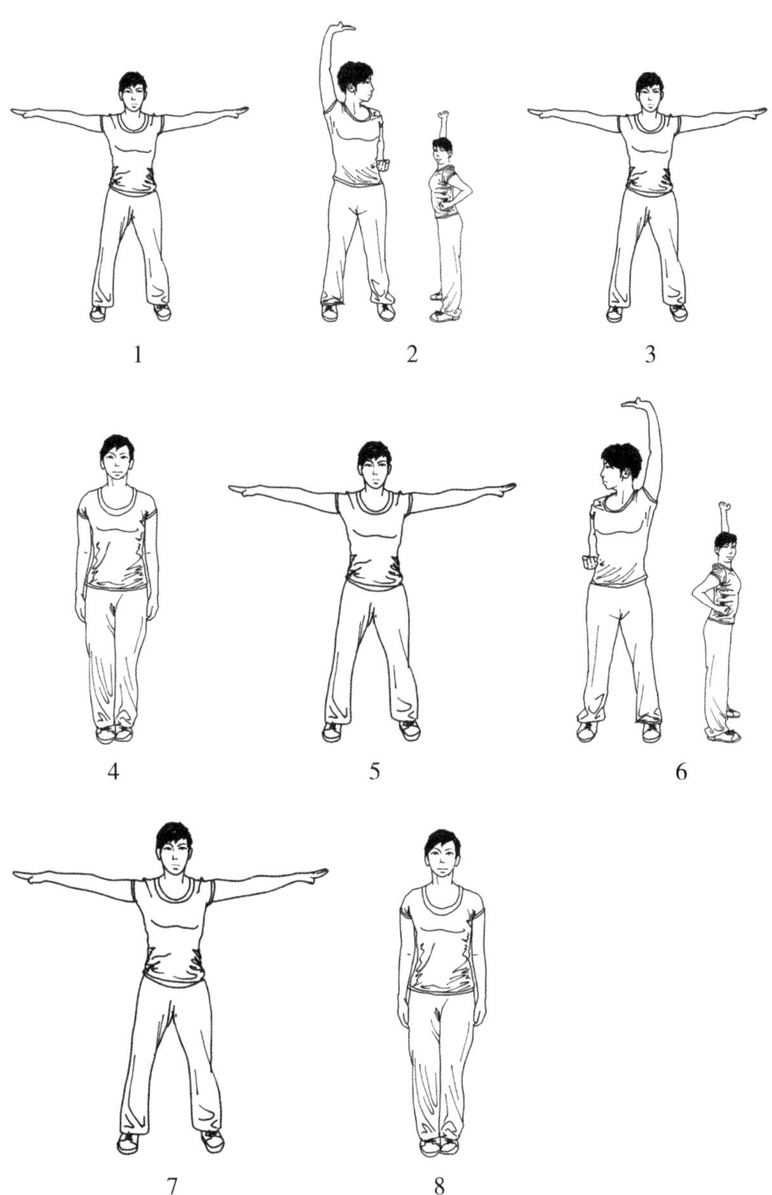
1
2
3
4
5
6
7
8

第二节 伸拉运动——冲拳推掌

第一八拍：

1.左腿侧出，脚距平肩宽，重心居中；双手抱拳于腰侧，拳心向上。

2.右冲拳，左拳腰侧抱拳不变。

3.左冲拳，右拳收回腰侧抱拳。

4–7.同上2–3重复。

8.右冲拳，左拳收回腰侧抱拳。

第二八拍：

1.左推掌，右拳收回腰侧抱拳。

2.右推掌，左掌收回腰侧抱拳。

3–6.同上1、2，左右交替进行。

7.双手抱拳收于腰侧，拳心向上。

8.左腿收回成并步，双手抱拳保持不变。

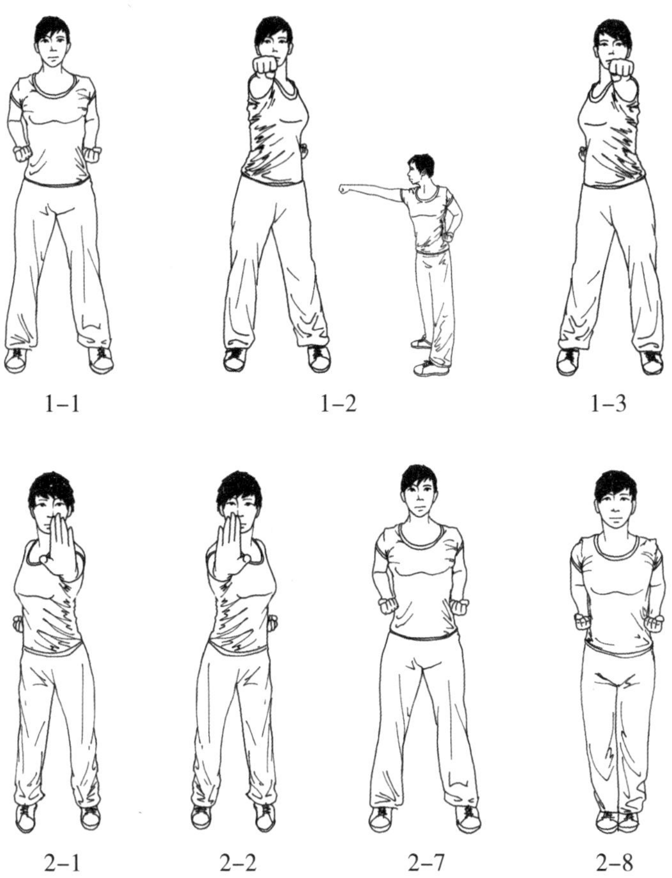
1–1
1–2
1–3
2–1
2–2
2–7
2–8

第三节　开合运动——双冲拳亮勾

第一八拍：

1.左腿侧出，脚距平肩宽，重心居中；同时向正前方双冲拳。

2.摆头向左，同时双臂下行至身体两侧再抡起上行亮掌。

3.摆头回正，目视前方，双臂回行至平肩，双手型变勾手。

4.左腿收回，双手抱拳收于腰侧，拳心向上。

5.右腿侧出，脚距平肩宽，重心居中；同时向正前方双冲拳。

6.摆头向右，同时双臂下行至身体两侧再抡起上行亮掌。

7.摆头回正，目视前方，双臂回行至平肩，双手型变勾手。

8.右腿收回，双臂下落回起始状。

第二八拍：重复

第四节 踢腿运动——前拍脚

第一八拍：

1.左脚上步，双臂向下交叉抡起至平肩亮掌。

2.右脚前拍脚。

3.右脚回落退步亮掌。

4.左脚收回成并步，双臂下落回起始状。

5.右脚上步，双臂向下交叉抡起至平肩亮掌。

6.左脚前拍脚。

7.左脚回落退步亮掌。

8.右脚收回成并步，双臂下落回起始状。

第二八拍：重复

1
2–1
2–2
2–3
3
4

第五节　侧展运动——抡臂

第一八拍：

1.左腿侧出，脚距平肩宽，重心居中；双臂侧起至平肩，手型为掌，掌心向下。

2.左抡臂。

3.双臂回行至平肩，手型为掌，掌心向下。

4.目视前方，左脚收回成并步，双臂下落回起始状。

5.右腿侧出，脚距平肩宽，重心居中；双臂侧起至平肩，手型为掌，掌心向下。

6.右抡臂。

7.双臂回行至平肩，手型为掌，掌心向下。

8.目视前方，右脚收回成并步，双臂下落回起始状。

第二八拍：重复

1
2–1
2–2
2–3
2–4
2–5
2–6
3
4

第六节　拧转运动——抡臂翻身劈拳

第一八拍：

1.左脚侧出，右脚跟进后插步。

2.左抡臂翻身。

3.右腿支撑，左腿提膝上带掌。

4.左弓步劈拳。

5.重心右移，左脚向右侧后插步。

6.右抡臂翻身。

7.左腿支撑，右腿提膝上带掌。

8.右弓步劈拳。

第二八拍：　重复

1–1
1–2
2–1
2–2
3
4
5
6–1
6–2
7
8

第七节　俯仰运动——三冲拳

第一八拍：

1.右弓步左冲拳。

2.左弹腿冲拳。

3.回落右弓步冲拳。

4.摆头回正目视前方，右脚收回成并步，双手腰侧抱拳。

5.左弓步右冲拳。

6.右弹腿冲拳。

7.回落左弓步冲拳。

8.摆头回正目视前方，左脚收回成并步，双手腰侧抱拳。

第二八拍：重复

第八节　跳跃运动——后踢脚跳

第一八拍：

1.左腿侧出，脚距平肩宽，重心居中；双臂侧起至平肩，手型为掌，掌心向下。

2.摆头向左，同时右臂上行亮掌，左臂侧起亮掌，右腿踢勾，左腿原地上跃跳。

3.摆头回正目视前方，同时双臂回行至平肩，手型为掌，掌心向下。

4.左腿收回成并步，双臂下落回起始状。

5.右腿侧出，脚距平肩宽，重心居中；双臂侧起至平肩，手型为掌，掌心向下。

6.摆头向右，同时左臂上行亮掌，右臂侧起亮掌，左腿踢勾，右腿原地上跃跳。

7.摆头回正目视前方，同时双臂回行至平肩，手型为掌，掌心向下。

8.右腿收回成并步，双臂下落回起始状。

第二八拍：　重复

第九节　收势——抱膝

第一八拍：

1–4.左腿提膝，双手抱小腿。

5–7.左腿提膝不变，手臂向两侧展推掌。

8.左腿收回成并步，双臂下落回起始状。

第二八拍：

1–4.右腿提膝，双手抱小腿。

5–7.右腿提膝不变，手臂向两侧展推掌。

8.右腿收回成并步，双臂下落回起始状。

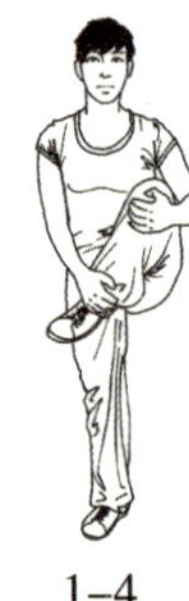

1–4

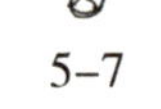
5–7

8

抱拳礼

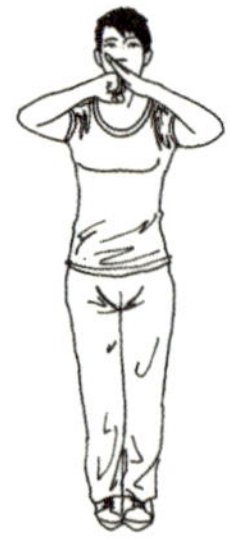

长拳简化套路

预备式

身体直立，双脚并拢；双臂自然下垂，双手轻贴大腿外侧；精神集中，目视前方。

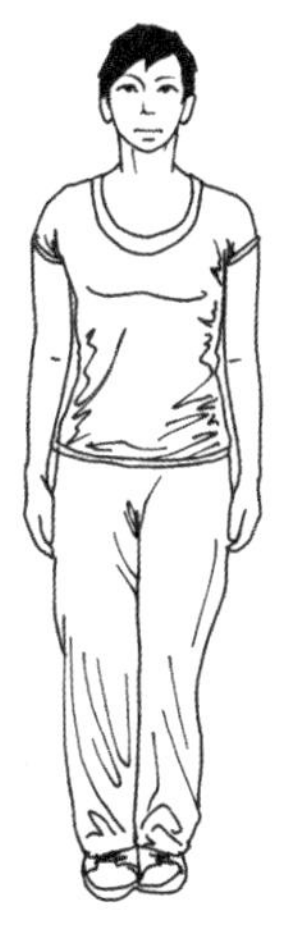

第一部分

1.起势

双臂置身体两侧，前臂微向上提，双肘向后微屈，双手成掌型微提扣；向左摆头，目视左前方。

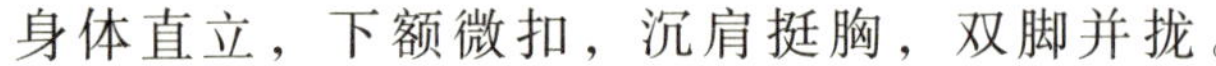

要点 身体直立，下额微扣，沉肩挺胸，双脚并拢。

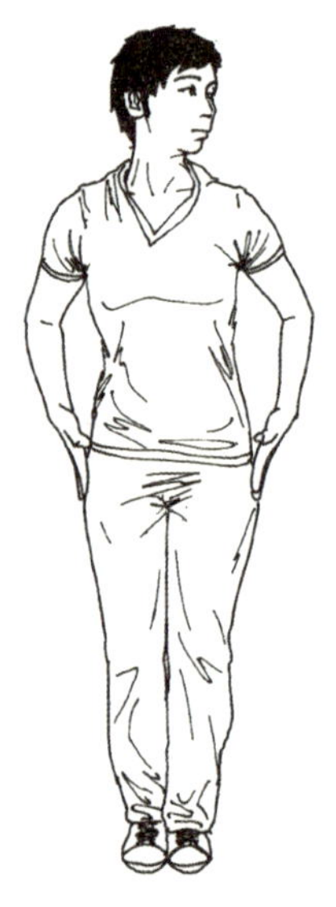

2.并步抱拳

右脚向右侧前方上步，双臂向前直起插掌，至平肩高，掌心向上；左脚跟进成双腿并步，同时双臂抬起至头上方向两侧画圆，目视右掌行进；双掌向外侧成按掌，抡大腿外侧，屈肘变拳收抱于腰侧，拳心向上；成并步抱拳，向左摆头，目视左前方。

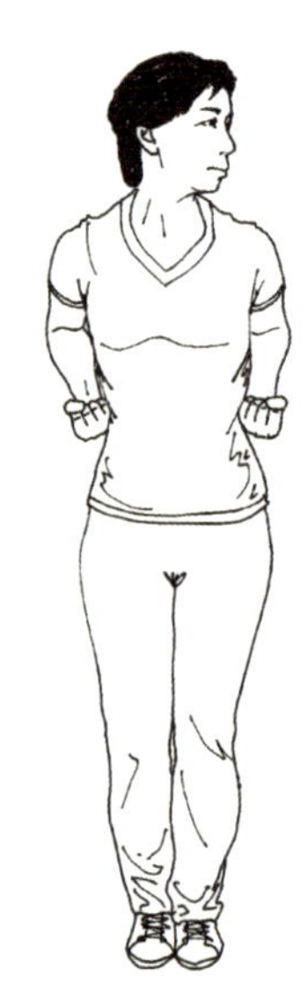

要点 身体直立，挺胸提臂，双拳收于腰侧，屈肘臂向后拉。

3.弓步冲拳

左脚向左侧出步，成左弓步；同时身体转向左侧，左手向左搂掌并收回腰间抱拳，右拳向前直冲成平拳，拳心向下；成弓步冲拳，目视前方。

要点 右脚蹬地右膝伸直，右脚跟不能离地；搂掌冲拳，弓步成型，冲拳快速、有力；上下肢动作配合协调一致。

4.弹腿冲拳

重心前移，右腿前弹出，高度齐腰；同时左拳由腰间向前直冲成平拳，右拳收回腰间；成弹腿冲拳，目视前方。

要点 顶腰顺肩，挺胸收腹；弹腿、冲拳要有爆发力；上下肢动作配合协调一致。

5.马步架打

右脚落地，身体左转90°，重心下移，双腿屈蹲成马步；同时左臂向上至头上方架起，左拳拳心向上；右拳由腰间向右直冲成平拳；成马步架打，目视右拳。

要点 右脚下落成马步时，要以左脚跟和右脚掌为轴拧转，冲拳力达拳面；上下肢动作配合协调一致。

第二部分

6.歇步冲拳

身体重心向右侧平移，左脚向右脚后侧插步；同时右拳变掌经头上方向左下方盖落，高与胸齐，掌外沿向下，身体左转90°，左拳收回腰际抱拳，目视右掌行进；随即双腿屈膝下蹲成歇步，同时左拳向前冲出成平拳，右掌变拳收回腰侧，掌心向上；成歇步冲拳，目视左拳。

要点 歇步双腿靠拢，重心移至右脚跟，后膝紧贴前小腿外侧；上下肢动作配合协调一致。

7.仆步穿掌

（1）提膝穿掌：双腿起立，身体左转，重心移向右侧，左拳变掌，手心向下；右拳变掌，手心向上，由左手背上方穿出，目视右掌；同时左腿屈膝提起，左手顺势收至右腋下，成提膝穿掌行进，目视右掌。

（2）仆步下势：然后左脚落地成仆步，左手掌朝前，沿左腿内侧穿至左脚面，成仆步穿掌，目视左掌行进。

要点 提膝直立，仆步时重心下移至后腿，上身下压趋向右腿，左脚尖内扣，双臂伸展；上下肢动作配合协调一致。

8.上步前拍脚

左腿屈膝，身体向前上起，重心前移，右、左腿交替前进两步；同时左臂向前抡起至头上方，掌心向前，右臂由下向前带起至头上方，目视左掌行进；左掌心与右掌背相击，右腿前起，右掌击打右脚脚面，目视右掌。

要点 前拍脚时，右腿起腿加速，两腿都必须挺膝伸直；右拍脚要过肩；上下肢动作配合协调一致。

9.弓步顶肘

右腿下落，重心前移成弓步；同时左掌由后向下抡至胸前成立掌，目视左掌行进，贴右拳拳面；右掌变拳，右肘由下向前顶起，肘部向前平肩；成弓步顶肘，摆头至右侧，目视前方。

要点 落步要稳，顶肘刚劲有力；上下肢动作配合协调一致。

第三部分

10.击步蹬腿推掌

向左转身180°，重心移向左腿，右腿跟进，右脚击碰左脚腾空落地；同时右拳收至腰侧抱拳，左掌向下摆落向前搂起至平肩高，重心移向左腿，身体向前，目视左掌行进；然后右拳变掌搂起，下肢保持不变；右腿跟进，抬起蹬腿；同时右掌收至腰间变拳，拳心向上，左掌推出平肩；成蹬腿推掌，目视前方。

要点 蹬腿时，支撑腿微屈，劲力协调；上下肢动作配合协调一致。

11.跃步前穿

右脚向前落步，双腿微屈，上身前倾；左脚上步，双臂摆至左侧后下方，目视左掌行进；右腿屈膝向上提起，左脚蹬地向前跃出，同时双掌向前抡起、向上画弧，目视左掌行进；右脚落地，重心下移，屈膝全蹲；左脚随即落地向前铲出成仆步，目视左掌行进；双掌向后摆，成仆步下式，目视左前方。

要点 跃步腾空，落地要轻；上下肢动作配合协调一致。

12.弓步推掌

右腿蹬直成左弓步；同时左臂向后摆压，左臂伸直，左掌成勾手，指尖向上；右拳由腰间变掌向前推掌，目视右掌行进，成弓步推掌。

要点 蹬地推掌要连贯，快速有力；上下肢动作配合协调一致。

第四部分

13.马步亮掌

重心回移至中间，左脚脚尖内转成马步，身体右转90°；同时右掌收至左腋下亮掌，左勾手收腰变掌，从右掌背向前上方穿出，目视左掌行进；右掌立于左腋前，左掌上行至头上方亮掌，摆头向右，目视右前方，成马步亮掌。

要点 以左脚跟和右脚掌为轴转身，动作完成协调一致。

14.虚步下栽拳

右脚尖蹬地，屈膝提起，左腿伸直，以左脚掌为轴向右后转体180°；同时右掌由左胸前向下经左腿外侧向右腿外侧后画弧摆起，左掌向胸前下按压，目视右掌行进。

右脚向右落地，重心移至右腿，下蹲成左虚步；同时左掌变拳下落于左膝上，拳眼向里，拳心向左外侧；右掌变拳至右侧，下抡臂上行于头前上方架拳，拳眼向前，拳心向上，目视右掌行进；成虚步下栽拳，摆头回身体前方，目视前方。

要点 保持身体平衡，虚步要虚实分明。

15.收势

（1）并步对拳：身体直立，左腿提膝，双臂前伸平肩高，掌心向上，目视前方；重心后移，左脚后落，随即右腿后退向左腿靠拢，成并步站立；同时双掌向下往两侧画360°弧，至胸前变拳，下按至脐前对拳，目视左前方。

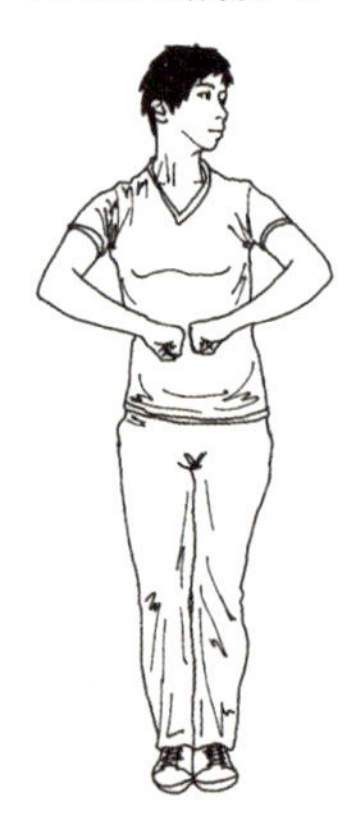

（2）收势：双臂自然下垂，双手轻贴大腿外侧；目视正前方。

要点 身体直立，沉肩挺胸，双脚并拢。

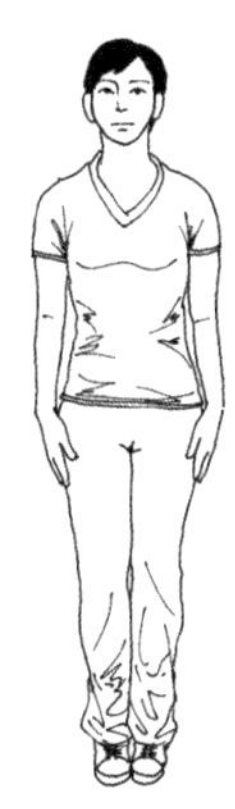

长拳简化套路流程图

预备式⊙

起势
↓
并步抱拳→弓步冲拳→弹腿冲拳→马步架打→歇步冲拳→仆步穿掌→上步前拍脚→弓步顶肘
↓
收势
↑
虚步下栽拳∩⊙←马步亮掌←弓步推掌←跃步前穿←击步蹬腿推掌∩⊙

注：⊙——原地动作

∩⊙——原地转身动作

十六式太极拳

预备式

身体自然直立，下颏微收，目视正前方；两脚并拢，两臂自然垂落于身体两侧；精神集中，呼吸保持自然。

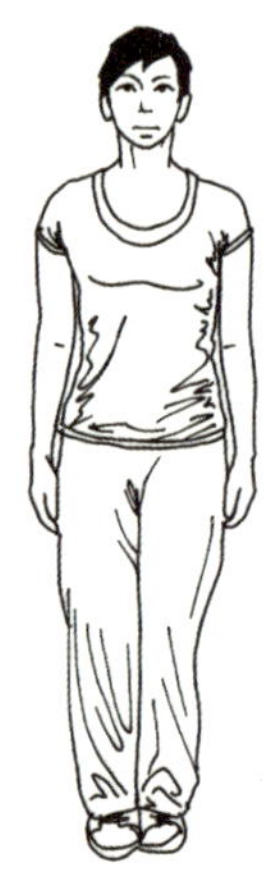

第一段

1.起势

（1）重心移向右侧支撑腿，左脚跟离地，随之脚尖离地，向左侧外移，与肩同宽。

左脚尖落地，随之脚跟落地，身体重心移至身体中轴，脚尖向前，呼吸平稳、自然。

（2）两臂匀速向前抬起，手心向下，起至与肩平、同肩宽。

（3）上身中正，垂肘，双掌下按至腹部上方，同时匀速屈膝下坐至半蹲位，重心垂直下移。

要点 呼吸平稳，动作协调一致；目视正前方，身体重心沿中轴下移；沉肩垂肘，自然下坐不翘臀；手指自然微伸，手、臂成弧形一体状。

2.左右野马分鬃

（1）身体重心平移至右腿，上身微右转，目视右掌，左脚收至右脚内侧，脚尖点地成丁步；同时右臂肘抬起至平肩高，右臂、肘成平肩弧形，掌心向下，左臂自下向上搂起至腹前，掌心向上，两掌心相对成抱球状，成丁步右侧抱球，目视右掌。

（2）左脚向左侧前方迈出，左脚跟着地，身体重心向前平移，右脚碾地，右膝伸直，胯下压，成左弓步；出腿同时左掌向上拉伸，右掌向下侧后按压；匀速行进，目随左掌行，左掌起至左肩上方（与视线平），肘垂臂微屈，掌心对自己斜向上，右掌按压至右胯外侧，肘微屈，掌心向下、指尖向前，目视左掌；成左野马分鬃。

（3）上身动作保持相对不变形，重心平移回坐至右腿，左脚尖离地摆至左膝同方向落地，身体微左转与左腿同方向，身体向前平移至左弓步；右脚跟离地收至左脚内侧，脚尖点地成丁步；同时左臂肘抬起至平肩高，左臂、肘成平肩弧形，掌心向下，右臂由下向上搂起至腹前，掌心向上，两掌心相对成抱球状，成丁步左侧抱球，目视左掌。

（4）右脚向右侧前方迈出，右脚跟着地，身体重心向前平移，左脚碾地，左膝伸直，胯下压，成右弓步；出腿同时右掌向上拉伸，左掌向下侧后按压，匀速行进，目随右掌行，右掌起至右肩上方（与视线平），肘垂臂微屈，掌心对自己斜向上，左掌按压至左胯外侧，肘微屈，掌心向下、指尖向前，目视右掌；成右野马分鬃。

要点 呼吸平稳，动作协调一致，匀速表达；身体重心以起始点为基准平移，与地面为相对平行面；身体绕中轴平转，上身动作与步法协调，呈相对定式，为似定非定状；上肢动作完成保持弧形，弓步两脚横向距离可达10 cm~30 cm。太极拳动作为立体结构，以动作稳定、利于攻防为原则。

3.白鹤亮翅

（1）身体重心前移，左脚跟离地向前进半步，左脚前掌点地；右掌下按，左掌搂起，成抱球状，目视右掌。

（2）上身后坐，重心移至左腿并屈膝，掌心对身体，右腿微屈膝，脚尖点地成虚步；同时左掌搂起至头左侧前，目随掌行，掌腕不过头；右掌下按至右胯侧前，指尖向前，目视回前方。

要点 呼吸平稳，动作匀速、协调一致；上身相对垂直于地面，左腿独立支撑，右脚尖点地不着力。

4.左右搂膝拗步

（1）下肢虚步动作保持相对不变，左掌向前按掌，再向外侧搂起（向内按，画圆弧搂起）至左肩侧，掌平耳高，掌心斜向上；同时右掌从右下侧搂起至右肩侧，掌平耳高，再向胸前按掌下压（向外侧搂起，画圆弧按压），目随右掌行进；左掌起至左侧平耳，右掌按至腹前，同时右脚收至左脚内侧，脚尖点地，右掌按，左掌搂起，目转视左掌。

（2）右脚向右侧前迈出进步，成右弓步；同时左掌由耳侧向前平推掌，右掌按掌至右膝前，搂膝至胯外侧按掌，指尖向前；匀速行进，目视左掌行进；成右搂膝拗步。

（3）上身动作保持相对不变形，重心平移回坐至左腿侧；前移成右弓步，收左脚成丁步；同时右掌向外侧搂起，左掌下按至腹前，左掌按，右掌搂起，目视右掌行进。

（4）左脚向左侧前迈出进步，成左弓步；同时右掌由耳侧向前平推掌，左掌按掌至左膝前，搂膝至胯外侧按掌，指尖向前；匀速行进，目视右掌行进；成左搂膝拗步。

要点 呼吸平稳，动作匀速、协调一致；上身相对垂直于地面，重心转换平移；推掌，由耳侧向前平推至平肩高，立掌、臂肘尖向下；动作为立体结构，以动作稳定、利于攻防为原则。

5.进步搬拦捶

（1）上身动作保持相对不变形，重心平移回坐至右腿，左脚尖翘起，外摆落地；重心平行前移，右脚跟进上步，右脚跟落地；同时右掌下按收至腹前变拳，上行至胸前搬拳向前出，拳心向上，左掌由左侧起至胸前，横摆掌于右臂肘下，掌心向下；重心在左腿（屈膝），右腿至前为勾脚，目视右掌行进；成进步右搬拳。

（2）身体重心平行前移，左脚向前进步，脚跟着地，身体重心在右腿（屈膝）；同时右拳收至右腰侧，拳心向上，左臂由腹前向左外侧摆至胸前，臂平肩高，横扣掌，掌心向左下，目视左掌行进；成上步左拦掌。

（3）重心向前平移，成左弓步；同时右拳冲拳，拳眼向上，立拳、平胸高，目视左掌行进；左手置于右前臂内侧，掌心对右臂，目视前方。

要点 呼吸平稳，动作匀速、协调一致；拳为空心拳，冲拳为立拳，肘微屈，肘尖向下，臂、肘、拳形成弧形；由搬、拦、捶三个动作组合而成。

6.如封似闭

（1）左掌由右腕下向前伸，右拳变掌，双掌平肩高、同肩宽，掌心向上。

（2）重心平移回坐至右后腿，左脚尖翘起，同时双掌回收，按掌至腹前平腰线，目视右掌行进。

（3）重心向前平移成左弓步，两手向前推掌，目视前方。

要点　呼吸平稳，动作匀速、协调一致；双推掌，肘尖向下，宽度略过肩；重心平稳回坐、前移。

7.单鞭（左单鞭）

（1）重心平移回坐至右腿，左脚尖翘起，向右侧内扣落地；身体右转，重心回移居中，同时双掌随身体向右平移，左掌按掌下落，右掌平移向右侧外展，掌心向外，目视右掌行进。

（2）重心平移至右腿，左脚离地，收至右腿内侧成丁步；同时右掌变勾手，左掌向下按掌至腹前搂起，至胸前掌心对自己；目视右勾手，成丁步搂掌。

（3）左脚左侧出，重心向左腿平移成弓步，同时左掌向上搂起至面前画弧，过面前自然翻转变左侧亮掌；目视左掌行进，成左弓步单鞭，目视左掌前方。

要点 呼吸平稳，动作匀速、协调一致；完成姿势时，右胯下压，身体中正；上肢动作完成的范围在身前150°左右，上不过头，下不掉胯下。

8.手挥琵琶

（1）身体重心平移至左腿，右脚跟离地向左腿方向收半步，右脚尖点地；同时左掌下按，右勾手变掌，平肩向前合向左掌，目视右掌行进。

（2）重心平移回坐成右腿屈膝，左脚跟前虚着地，重心下坐；同时左臂向左外侧画弧抬起，平肩向前微伸展，两掌相合，目视右掌行进；双臂肘下垂，左掌侧立，掌心向右，右掌立于左臂肘内，掌心与左肘相对，目视前方。

要点 呼吸平稳，动作匀速、协调一致；保持自然、平稳的形态；重心在右腿，上身垂直向下，勿前倾或后仰。

第二段

9.倒卷肱

（1）下肢虚步保持相对不变，左掌不变，右掌掌心向上，下沉至腹前；右掌沿右臂肩外侧继续上行，成平肩托起状，目视右掌行进；左、右掌掌心自然翻转向上，目视前方。

（2）左脚跟离地，向右腿后方退行，重心向后平移，成虚步，右脚跟虚着地；同时右掌从耳外侧向前推掌，平肩高，左掌回收于左腰侧，掌心向上，目视右掌行进；完成右倒卷肱，目视前方。

（3）下肢虚步保持相对不变，右掌不变，左掌侧抬起，成平肩托起状，目视左掌行进；左、右掌掌心自然翻转向上，目视前方。

（4）右脚跟离地，向左腿后方退行，重心向后平移，成虚步，左脚跟虚着地；同时左掌从耳外侧向前推掌，平肩高，右掌回收于右腰侧，掌心向上，目视左掌行进；完成左倒卷肱，目视前方。

要点 呼吸平稳，动作匀速、协调一致；掌法动作带动身体自然转动，上肢动作在视线范围内，保持自然、平稳；为退步行进，手臂侧起至耳侧向身体前方平推。

10.左右穿梭

（1）上身动作保持相对不变形，左脚尖右内扣着地，重心平移，左脚侧向右转身180° 左右，目视右掌行进，成右虚步，目视前方。

（2）右脚跟着地，重心平移至右腿，收左脚成丁步，同时右臂抬起、左掌搂起，成抱球状，目视右掌行进；成丁步右侧抱球，目视右掌。

（3）左脚向左侧前迈出进步，成左弓步；同时左掌向前拉起至额前亮掌，右掌向前推掌匀速行进，目视右掌行进；成左穿梭，目视前方。

（4）上身动作保持相对不变形，重心平移回坐至右腿侧；前移成左弓步，收右脚成丁步；同时右掌下按，左掌回收于腹前搂起，目视右掌行进；成丁步左侧抱球，目视左掌。

（5）右脚向右侧前迈出进步，成右弓步；同时右掌向前拉起至额前亮掌，左掌向前推掌匀速行进，目视左掌行进；成右穿梭，目视前方。

要点 呼吸平稳，动作匀速、协调一致；上身相对垂直于地面，重心转换平移；推掌，从耳侧向前平推至平肩，立掌、臂肘尖向下；转身后身体重心偏后左侧，再前移成丁步抱球。

11.海底针

上身动作保持相对不变形，重心向前平移，左脚跟离地向前跟进半步；左脚前掌点地，重心回坐平移至左腿，同时右掌向前下按至右胯外侧，左掌下落至腹前，再屈肘，上提左掌至左胸外侧，目视右掌行进；成右虚步，右脚尖点地，同时左掌斜前下插掌，右掌胯外侧按掌，指尖向前，目视左掌行进；成海底针式，目视左掌。

要点 呼吸平稳，动作匀速、协调一致；虚步下插掌，上身勿前压，保持自然、平稳，重心下沉；插掌时上身自然前压，勿翘臀。

12.闪通背

右脚向前迈出，脚跟着地，重心向前平移，成右弓步；同时左掌屈肘上提至胸前，推架掌至左额前上方亮掌；抬右掌，向前推掌，微高于肩，目视左掌行进；成闪通背式，目视右掌前方。

要点 呼吸平稳，动作匀速、协调一致；上身为侧身斜前推掌。

13.云手

（1）重心平移回坐至左腿，右脚尖翘起向左侧内扣落地；身体左转，重心回移居中；同时右掌向右外侧按掌搂起（画圆），左掌起至身体头部前方，掌腕不过头，向左外侧按掌搂起（画圆），目视搂起掌行进。

（2）重心平移至右腿，左脚离地收至右腿内侧成并步，同时双掌画圆至右掌按左掌搂；重心平移至左腿，右脚离地侧出同肩宽，同时双掌画圆至右掌搂左掌按；目视搂起掌行进。

（3）重心平移至右腿，左脚离地收至右腿内侧成并步；同时双掌画圆至右掌按左掌搂；重心平移至左腿，右脚跟起，成丁步，同时双掌画圆至丁步左侧抱球；目视左掌。

要点 呼吸平稳，动作匀速、协调一致；双掌臂画圆为交替由胸前搂起；为侧行并步云手（两个），原地重心转移成丁步抱球；双臂交替搂起，向外侧画弧按掌下行再搂起。

14.左右揽雀尾

右揽雀尾：

（1）丁步左侧抱球，右脚右侧迈出，重心向右平移，成右弓步；同时右掌上起至右膝上方，掌为横挡（掤），掌心对自己，掌、肘、臂平肩高，左掌下按至胯外侧，成左按掌，目视右掌行进；完成右弓步掤，目视右掌。

（2）重心回坐至左腿，右掌前伸按掌，左掌搂起至右肘下方，目视右掌行进；然后两掌回捋至腹前，继起至左肩外侧；右掌于胸前掤，左掌按掌于右前臂，目视左掌行进；重心前移，成右弓步，同时双臂向前架挤，完成捋挤式，目视左掌。

（3）下肢弓步不变，左掌前抹右腕上方前伸，右掌按掌，双掌平肩高、略宽于肩，目视右掌行进；重心平移回坐至左腿，同时双掌回收，按掌至腹前平腰线，目视右掌行进；重心向前平移，成右弓步，两手向前推掌，目视前方，完成右揽雀尾。

左揽雀尾：

动作同右揽雀尾，方向相反。

要点 呼吸平稳，动作匀速、协调一致；上身相对垂直于地面，重心转换平移；由掤、捋、挤、按、推组合而成。

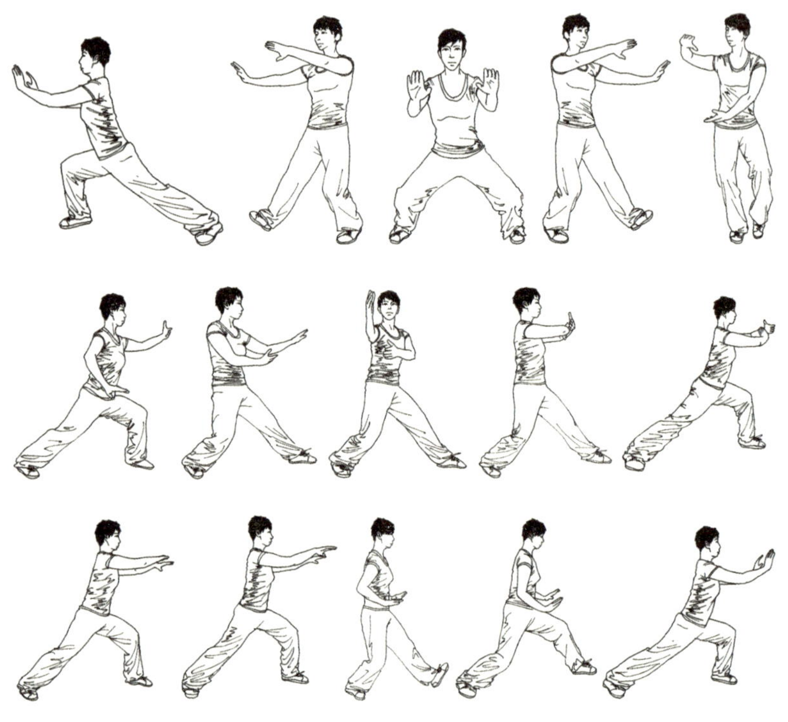

15.十字手

（1）重心平移回坐至右腿，左脚尖翘起向右侧内扣落地；身体右转90°，重心回移居中；同时双掌起至身体头部前方，掌腕不过头，目视右掌行进。

（2）身体重心上移，双膝趋直站立；同时双掌向两侧分落至腹前搂起（画圆），双掌搂起交叉，掌心对自己，目视右掌行进；完成十字手，目视前方。

要点 呼吸平稳，动作匀速、协调一致；十字手，双腿自然直立，重心居中。

16.收势

双掌向前成按掌，双掌平肩高、同肩宽，手心向下；两臂自然下落至身体两侧；然后重心移至右腿，左脚跟离地回落，向右脚内侧并拢，完成并立步，目视前方。

要点 呼吸平稳，动作匀速、协调一致；身形保持自然平稳。

十六式太极拳流程图

预备式⊙

起势→左右野马分鬃→白鹤亮翅→左右搂膝拗步→进步搬拦捶→如封似闭→单鞭⊙→手挥琵琶

↓

收势⊙←十字手⊙←左右揽雀尾⊙←云手←闪通背←海底针←左右穿梭⮌倒卷肱←

注：⊙——原地动作

参考文献

[1] 黄汉升. 体育科学研究方法 [M]. 北京：高等教育出版社，2006.

[2] 袁方. 社会研究方法教程 [M]. 北京：北京大学出版社，2013.

[3] 体育院、系教材编审委员会《武术》编写组. 体育系通用教材. 武术（第一册）[M]. 北京：人民体育出版社，1978.

[4] 体育院、系教材编审委员会《武术》编写组. 体育系通用教材. 武术（上册）[M]. 北京：人民体育出版社，1985.

[5] 全国体育学院教材委员会《武术》教材小组. 体育学院普修通用教材. 武术 [M]. 北京：人民体育出版社，1989.

[6]《武术训练教材》编写组. 全国武术训练教材 [M]. 北京：北京体育学院出版社，1991.

[7] 中国武术段位制编写组. 初段位技术教程 [M]. 北京：北京体育大学出版社，1997.

[8] 邱丕相. 中国武术教程（上下册）[M]. 北京：人民体育出版社，2004.

[9] 国家体委武术研究院. 中国武术史 [M]. 北京：人民体育出版社，1997.